Entro io e il mercato scende

Come diventare un investitore libero

Giacomo Saver

ISBN: 153972624X

ISBN-13: 978-1539726241

Pubblicato con la Esclusiva Strategia Editoriale

"Self Publishing Vincente"

www.SelfPublishingVincente.it

2018

"Gentile dott. Giacomo ho letto il suo libro e la ringrazio, perché mi ha fatto molto riflettere sulla metodica di approccio di persone inesperte come me al mondo complesso della finanza. Trovo straordinario lo stile semplice e scorrevole con cui vengono spiegati concetti e proposte di investimento che nessuno, in questo settore, non riesce o forse volutamente non vuole spiegare. Le faccio i miei complimenti per il suo notevole impegno e le auguro tanto successo, perché se lo merita.

Cari saluti

Dottoressa Anna Luise, farmacista in pensione - Pescara"

2020

Ho acquistato questo libro su suggerimento di mio figlio che da un paio d'anni sta investendo, personalmente, con discreto successo, i propri risparmi grazie anche ai suggerimenti di Giacomo Saver su "Segreti Bancari".

Io ho 60 anni, da pochissimi mesi in pensione, mi sono sempre disinteressata di finanza preferendo affidare i miei investimenti al Private Banking. In 15 anni sono passata da un bellissimo portafoglio ereditato da mio padre composto in prevelanza di singole obbligazioni che davano ottime cedole ad uno composto quasi esclusivamente da fondi di investimento che hanno reso in modo altalenante a seconda dell'andamento dei mercati ma che complessivamente mi hanno consentito di mantenere il valore assoluto ma nessun incremento significativo.

I corsi gratuiti di "Segreti Bancari" e questo libro mi hanno fatto capire che è necessario interessarsi in prima persona ai propri risparmi ed investimenti e mi hanno suscitato l'interesse di saperne di piu'.

Il libro è scritto in modo molto chiaro e sintetico. Offre dei concetti base fondamentali da cui partire prima di procedere ad investire. Ho capito il motivo per cui sia il Private Banker che il promotore indipendente mi proponevano solo Fondi o Assicurazioni. Ho imparato a conoscere gli ETF e a capirne il vantaggio rispetto ai Fondi. Ho imparato che prima di costruire un portafoglio bisogna progettarlo avendo ben chiaro quanto si vuole investire e quanto risparmiare, quanto si è disposti a rischiare.

Non posso dire che la semplice lettura del libro ti renda capace di investire in autonomia ma è un buon punto di partenza per approfondire le conoscenze iscrivendosi ai corsi proposti da Segreti Bancari.

AleLu60

Al piccoli Matteo e Sara

Giacomo Saver

INDICE

Giacomo Saver

PRESENTAZIONE

Per un risparmiatore abituato a ricavare un tranquillo rendimento dal suo sudato risparmio gli ultimi anni sono stati un incubo: i soldi sul conto corrente bancario non rendono più nulla, i titoli di Stato pagano cedole sempre più basse, le obbligazioni bancarie sono di giorno in giorno più rischiose, i fondi comuni d'investimento sono sempre più cari e difficilmente riescono a battere i mercati.

Ad aggravare la situazione, le banche hanno smesso di essere quello che erano fino a qualche anno fa, cioè un'istituzione seria e competente che offre un servizio efficiente; gli anziani dicevano spesso: "Me l'ha detto il direttore della mia banca!" ed era "legge indiscutibile", "verità assoluta" come quella proferita dal medico o dal parroco nel rispettivo ambito di competenza.

Si è infatti sviluppato un perverso meccanismo (il famigerato *budget*) che impone a tutti i dipendenti di banca di fare una sola cosa: **vendere!** Ovviamente, *vendere quello che la banca ha interesse a collocare* ai propri clienti, senza tener conto dei loro interessi, delle loro preferenze, delle loro necessità.

Vendere, vendere, vendere!

E così tranquille casalinghe hanno acquistato, fiduciose, obbligazioni della banca stessa; anziani pensionati hanno sottoscritto polizze vita prive di effettive garanzie; giovani sposi hanno accettato mutui abbinati a mostruosi contratti derivati di cui non sapevano nulla…

Nel loro operato, le banche hanno utilizzato quasi sempre l'atteggiamento spocchioso di chi sa tutto e considera i clienti degli sprovveduti: la riprova?

I termini incomprensibili inseriti a man bassa in tutti i documenti informativi, non solo in un italiano gergale per addetti ai lavori, ma spesso in inglese (a volte sconosciuti anche ai venditori stessi… . Possibile che si debba dire, ad agosto 2007 (un mese dopo la prima esplosione della bomba *subprime* che aveva provocato pesanti perdite a Wall Street):

> *"Ci troviamo davanti ad una dislocazione, ma non grave. C'è stato un balzo forte negli indici i-traxx e cross-over con gli spread tra rischi di credito investment grade e non, balzati da 200 a 500 punti. Ma ora assistiamo a segnali di rientro". Parla un "esperto" di Londra, intervistato da Il Sole 24 Ore sulle prospettive economiche.*

Il fatto è che, purtroppo, nessuno riesce veramente a prevedere il futuro delle Borse (potrebbe farlo solo Dio con buone probabilità di successo, ma per fortuna Lui si occupa di ben altre faccende…) e molti maghi della finanza vendono previsioni farlocche a caro prezzo, alimentando illusioni.

Che fare?

Questo libro per fortuna fornisce delle indicazioni utili per un "fai da te" razionale, basato non sull'improvvisazione e sul pressapochismo ma sul ragionamento, sulla base di precisi modelli di comportamento.

Offrendo la possibilità non solo di risparmiare rispetto alle esose commissioni applicate dalle banche sui loro prodotti, ma anche di ottenere risultati migliori sia nel breve che nel lungo termine.

Settembre 2016

GIANLUIGI DE MARCHI

Giornalista finanziario

Scrittore

Entro io e il mercato scende

I

Entro io e il mercato scende. Perché?

Quel mattino Franco aveva una grande confusione in testa. Fino a quel momento non si era mai occupato di investire i propri risparmi; il suo obiettivo era quello di "fare soldi" grazie alla sua attività di libero professionista.

Non che guadagnare non gli interessasse, sia chiaro, ma i titoli di stato nei quali aveva sempre investito gli davano una cedola elevata: un reddito periodico grazie al quale poteva pagare gli studi della figlia alla Bocconi di Milano e togliersi qualche sfizio di tanto in tanto. Ma ora si trovava di fronte ad un problema del tutto nuovo.

Da anni il rendimento delle sue obbligazioni era in caduta libera e ad ogni rinnovo dei titoli scaduti il rendimento offerto dai nuovi bond era sempre più scarso. Così, alla fine, si era deciso a fare quello che fino a quel momento aveva ritenuto superfluo: chiedere consigli alla propria banca.

"In fondo chi ha un problema legale viene da me" pensava,
mentre attraversava l'ampio salone rivestito di elegante
marmo bianco ed arredato con mobili d'epoca. "Perché non

dovrei fidarmi dei consigli di un esperto che si occupa di
investimenti per mestiere"?

Il dott. Panetti era seduto alla sua scrivania intento ad esaminare una tabella. Ciò che stava leggendo lo preoccupava parecchio, perché Marco, il suo collega del Private Banking, gli aveva appena dato una notizia sconcertante.

La banca per la quale lavorano è in crisi. Gli utili sono scesi, fare prestiti rende sempre meno ed occorre lavorare di più sul "risparmio gestito", ovvero trarre profitto dalla vendita di prodotti finanziari alla clientela. Ogni ufficio aveva un budget specifico di prodotti da collocare, suddiviso per categoria. Chi non riusciva a raggiungere gli obiettivi fissati sarebbe stato messo in discussione e, forse, trasferito in un ufficio lontano da casa con altre mansioni.

Panetti era intento a leggere la relazione sulle vendite della settimana precedente quando una riga in particolare attirò la sua attenzione: la voce più lontana dal budget riguardava il collocamento di fondi azionari europei le cui performance, peraltro, erano state ottime nell'anno precedente.

Mentre stava ripetendo nella sua mente: *"vendere fondi azionari europei, vendere più fondi azionari europei"*, il telefono squillò; la segretaria lo avvertiva che era arrivato un nuovo cliente: l'avvocato Franco Nero.

Aldo Panetti gli andò incontro con un grande sorriso e, fingendo di improvvisare, ripeté al cliente la stessa storiella che gli avevano fatto recitare in un *roleplay* simulato durante l'ultimo corso di formazione cui aveva partecipato:

- le obbligazioni, ormai, rendono poco e sono un investimento superato;

- i mercati finanziari sono diventati così complessi che solo un pazzo penserebbe di investire da solo i propri soldi;

- la borsa, nel lungo periodo, otterrà rendimenti superiori a qualsiasi altra forma di investimento.

Ben sapendo che un grafico convince di più di molte parole, Aldo Panetti mostra all'avv. Nero l'andamento delle azioni quotate sulle borse mondiali dal 1900 ad oggi. La linea è sempre crescente, anche se a tratti ci sono stati dei ribassi temporanei, prontamente recuperati negli anni successivi.

Franco Nero si rovescia all'indietro sulla elegante poltrona reclinabile di pelle nera e guarda pensoso il suo interlocutore. "Ci siamo!!" pensa Panetti, che sa già quale sarà la domanda successiva che il cliente gli farà.

"Come faccio ad investire in azioni mondiali?" gli domanda l'avv. Nero. Per lui, che fino a pochi anni prima investiva in obbligazioni sicure e in titoli di stato, la domanda non è affatto scontata. Nero, poi, era interessato a conoscere le migliori azioni in cui investire. Essendo un appassionato di tecnologia Franco pensa subito alle azioni Apple, azienda di cui è un vero fan. Ma, quasi come se lo leggesse nel pensiero, il suo interlocutore lo interrompe.

"Investire in singole azioni è troppo rischioso, senza l'aiuto di un professionista", sussurra Panetti con un tono di voce basso e suadente; *"per cogliere le migliori opportunità del mercato occorre affidarsi a dei professionisti che ogni giorno operano sui mercati. Inoltre oggi possiamo fare di meglio che investire in azioni mondiali: c'è un'area geografica molto più interessante in cui investire."*

Nero è tornato ad avvicinarsi al tavolo. *"Le azioni europee sono quelle che hanno le maggiori probabilità di crescere"*, incalza Panetti. *"Rispetto ai mercati mondiali presentano un basso indice* **Price Earnings***, inoltre godono di un* **momentum** *molto favorevole"*. Aldo sa che il suo cliente non sta capendo nulla di ciò che gli sta dicendo, ma anche questo fa parte della strategia di vendita che gli hanno mostrato all'ultima convention aziendale.

Nero è affascinato dalla sicurezza con cui il dott. Panetti si esprime, ed ancor più dalla tabella che questi gli mostra. Il foglio, stampato su una elegante carta patinata con uno sfondo verde – grigio, evidenzia i rendimenti che il fondo azionario "Europe Pump" ha ottenuto nell'anno e nei sei mesi precedenti.

Sfrondato dagli inutili orpelli visivi - l'immagine di una coppia che sorride felice e due mani che racchiudono delle monete da cui spuntano verdissime piantine – la tabella si presenta in questo modo:

Fondo	Rendimento ad un anno	Rendimento a sei mesi
Europe Pump	32%	20%

"Le performance sono in accelerazione: pensi che solo negli ultimi sei mesi il fondo ha reso il 20%. Se solo avesse investito una piccola parte del suo capitale in esso, diciamo 30.000 euro, oggi ne avrebbe guadagnati 6.000".

Franco è un po' perplesso, anche perché 30.000 euro rappresentano il 30% del suo capitale, ma alla fine decide di seguire i consigli dell'esperto basandosi su questi elementi:

- per realizzare un guadagno del 20% con i suoi bond ci vorrebbero circa dieci anni, mentre il fondo lo ha realizzato in pochi mesi;

- se le cose andranno male l'esperto saprà in anticipo le cose, visto che si occupa di gestione dei risparmi per professione, e lo avvertirà in modo da uscire prima del crollo.

Uscendo dalla banca, un'ora dopo, Franco ebbe l'impressione che il sole fosse più caldo che mai. La sua vita finanziaria aveva preso una direzione nuova e ora sarebbe potuto tornare a guadagnare dei bei soldi con il suo capitale.

Ma una cosa imprevista stava per accadere.

Franco stava facendo colazione al banco del solito bar al quale si reca prima di entrare in studio quando una notizia gli bloccò il croissant nell'esofago: in seguito a dati negativi provenienti dall'economia, le borse europee erano in caduta libera. Nei giorni successivi la situazione si aggravò. Le quotazioni continuavano a scendere a precipizio e Franco si trovò ad affrontare una nuova paura: quella di perdere tutto il suo capitale.

Rientrato in ufficio fu preso da brutti pensieri. "*Entro io e il mercato scende. Accidenti a me che ho dato retta al mio consulente. Ora lo chiamo e chiedo a lui come comportarmi*". La segretaria avvisa Franco che il dott. Panetti lo richiamerà in mattinata, perché è ad un convegno nella sede centrale della banca per un aggiornamento.

Aldo Panetti sente in tasca un telefono che squilla. Di corsa esce dal forte San Cristóbal dove si trovava e cerca di coprire con la mano il rumore delle onde del mare. "*Stia tranquillo, avvocato*", gli dice."*Si tratta di una correzione momentanea che nel lungo periodo sarà assorbita. Non faccia nulla, le cose miglioreranno*".

Per lui erano migliorate davvero: grazie al raggiungimento del budget si stava godendo una vacanza a San Juan, in Puerto Rico, ed al suo rientro lo avrebbe atteso una promozione. Dopo un ulteriore ribasso del 15% delle quotazioni del fondo Europe Pump Franco Nero liquidò tutto e schiumò di rabbia quando scoprì che l'uscita dal suo prodotto gli costò il 4% di penale.

Da qualche tempo, infatti, le banche hanno ridotto il collocamento di fondi che prevedono il pagamento di una commissione di ingresso a favore dei comparti con costi di uscita. In questo modo la banca ottiene il risultato di "bloccare" i soldi del cliente per alcuni anni, così da percepire commissioni di gestione mediamente più elevate sui soldi gestiti.

Dopo quella brutta esperienza Franco non pensò più agli investimenti fino a che, navigando sul sito di Amazon in cerca di un regalo per un amico, la sua attenzione fu attratta da un libro. Lo comprò. Lo divorò in poche ore. Apprese la chiave di lettura del "perché" aveva perso molti soldi nel tentativo di guadagnarne altri ed il motivo per cui gli investimenti sicuri che aveva fatto successivamente rendevano così poco.

Mano a mano che leggeva quel libro, Franco diventava sempre più consapevole di come fare per investire in modo semplice, redditizio ed indipendente i suoi soldi. Alla fine aveva appreso un sistema completo grazie al quale avrebbe fatto tutto da solo, ottenendo risultati straordinari.

Il suo capitale iniziò a crescere nel tempo in modo sostenibile e costante, e Franco non ebbe più bisogno di ascoltare i "consigli" del dott. Panetti.

Il libro che ha letto Franco è esattamente quello che hai tra le mani in questo istante. Esso è un distillato di competenze e di esperienza sul campo maturato in oltre venti anni. Ti racconterò più avanti la mia storia, di come ho fatto a passare dallo status di investitore perdente a **"private banker"** e, infine, quello che ho scoperto proseguendo i miei studi, grazie ai quali sono diventato un investitore libero che guadagna con soddisfazione grazie a ciò che fa sui mercati.

Vorrei attirare la tua attenzione su una serie di elementi chiave in cui ti sei imbattuto leggendo ciò che è accaduto a Franco:

- la banca non è un consulente. Chi vi lavora è un venditore di prodotti finanziari formato a vendere e non a consigliare le migliori soluzioni per investire. Se "metterai alla prova" il tuo consulente bancario con domande "scomode" vedrai che non saprà risponderti, perché la sua formazione è commerciale per il 90%, mentre solo il 10% dei corsi di formazione frequentati sono effettivamente tecnici;

- le banche sono in crisi e concedono sempre meno prestiti, perché l'attività di intermediazione – ossia la vendita di prodotti finanziari – è molto più redditizia e meno rischiosa. Il guadagno della banca, come vedremo tra breve, deriva più dalle commissioni che paghi sui fondi e sulle polizze che non dall'attività bancaria tradizionale; inoltre i dipendenti subiscono pressioni esagerate per vendere i prodotti che alla banca rendono di più e che finiranno inevitabilmente nelle tue tasche;

- concentrandosi sui prodotti e non avendo una strategia a monte per gli investimenti, il tuo portafoglio rischia di essere un'accozzaglia di prodotti finanziari ad alto costo e accostati senza una logica unitaria. In questo modo correrai rischi eccessivi, pagherai oneri elevati e soffrirai di magre performance. A volte, poi, l'eccessiva spinta speculativa ti farà perdere molti soldi;

- la banca, infine, ti venderà sempre prodotti finanziari all'apice del successo quando, probabilmente, la loro corsa sta per giungere al termine. Ecco perché quando entri tu il mercato scende.

In che modo il libro che stai leggendo ti aiuterà a diventare un investitore libero, aumentando i rendimenti dei tuoi investimenti, riducendo i rischi ed abbattendo i costi?

Come diventare un investitore libero in quattro step

Riprendere il controllo dei propri soldi aumentando i rendimenti del tuo portafoglio è più semplice di quanto credi. Troverai tutto quello che ti serve in questo libro che diventerà per te una guida preziosa. A volte ti farà ridere, altre volte ti darà fastidio, perché ti dirà cose che non ti faranno piacere, ma che romperanno gli schemi mentali che ti impediscono di ottenere una giusta ed equa remunerazione dai tuoi capitali.

In ogni caso, quando lo avrai finito, il tuo approccio verso gli investimenti cambierà per sempre. Ho visto persone che dopo aver seguito i consigli di questo libro hanno recuperato le perdite pregresse; altri, invece, hanno finalmente visto i loro soldi svegliarsi dal torpore nel quale erano caduti non rendendo nulla per lunghi anni.

Da dove partire per rimettere ordine nella tua situazione finanziaria? Ecco quattro step di grande importanza e di immediata applicabilità che imprimeranno una svolta al tuo *"modus operandi"* quando si tratta di mettere a frutto i risparmi di una vita.

A - Meglio un metodo sbagliato che investire "a caso"

Le banche ci hanno abituati ad essere *"prodotto centrici"*, ossia a partire dal prodotto per arrivare al portafoglio. Quando lavoravo in banca molte persone mi chiedevano - e, a dire il vero, lo fanno ancora oggi - dove sia meglio investire.

La ricerca dell'investimento migliore, quello che rende di più di tutti, è un'illusione ottica. Non esiste un investimento migliore in assoluto. E, mi dispiace per te, non esiste nemmeno la combinazione ottimale di strumenti "migliori".

Se costruisci il tuo portafoglio mettendo insieme diversi componenti sulla base delle tue aspettative, o dei consigli di qualcun altro che mira a venderti un prodotto finanziario, ecco cosa può succederti in concreto.

Hai letto sul giornale che ci attende un'estate torrida e che Coca Cola e Ferrero hanno aumentato il loro budget pubblicitario per "spingere" la vendita di bevande dissetanti. Ami particolarmente la birra, come me, e pensi che il settore della ristorazione abbia buone prospettive. Investi quindi in un fondo specializzato nel settore Food & Beverage.

La popolazione invecchia, ci sono sempre meno giovani e più anziani. Perché, allora, non investire in azioni di società che si occupano della salute e della cura alla persona?

Il tuo vicino è dirigente presso una multinazionale che sviluppa energie alternative pulite. Dai discorsi che ti fa appare chiaro che quello sarà il business del futuro, come era evidente all'inizio del nuovo millennio che lo sarebbero stati i titoli "high tech" quotati sul NASDAQ americano. Scegli pertanto di investire in azioni del settore "Oil & Gas".

Il portafoglio che hai composto è squilibrato per due motivi:

- è composto interamente da prodotti azionari ad alto rischio

- è privo di una logica unitaria

Affinché un portafoglio sia ben strutturato occorre che le classi di attivo che lo compongono siano poco correlate tra loro. In breve, ciò significa che se un investimento va male un altro andrà particolarmente bene, migliorando il rendimento complessivo.

Il legame (correlazione) tra due strumenti finanziari si misura attraverso un apposito coefficiente.

Il coefficiente di correlazione è un numero, compreso tra -1 ed 1, che indica il grado di dipendenza del rendimento di uno strumento finanziario rispetto ad un altro.

Quanto più esso è alto, tanto maggiore sarà il rischio complessivo del portafoglio, perché in caso di andamento sfavorevole di uno dei suoi componenti gli altri lo seguiranno a ruota, affossando le performance e generando perdite consistenti.

Non solo il portafoglio costruito è molto rischioso, perché gli investimenti che lo compongono sono tra loro parecchio correlati, ma manca una strategia di ingresso/uscita dai singoli mercati. Per finire non abbiamo nemmeno un metodo che ci dica in base a quali regole scegliere gli investimenti che inseriremo nel portafoglio, in modo che gli uni si "incastrino" perfettamente con gli altri creando un insieme omogeneo e redditizio.

Quello che davvero ti manca per diventare un investitore libero che guadagna con i suoi investimenti è un sistema integrato per investire. È davvero importante che tu ti doti di una metodologia efficace per due ragioni. La prima è che seguire delle regole ti eviterà di deragliare quando le cose non andranno temporaneamente per il verso giusto. La seconda è che un sistema di investimento ti costringe a guardare dall'alto il tuo portafoglio concentrandoti più sulle macro aree (azioni, obbligazioni e liquidità) che sui titoli migliori.

Quando si tratta di studiare un metodo e di elaborare un piano di investimento, le persone sono spaventate. La loro paura consiste nell'affidarsi ad un sistema sub-ottimale. *"E se ci fosse un metodo più efficace per investire?"*, pensano. Mentre aspettano di scoprire il Sacro Graal stanno ferme, o nella migliore delle ipotesi, continuano a fare quello che hanno sempre fatto. In altre parole persistono nel costruire portafogli basati sulla errata convinzione che occorra, in ogni momento, saper scegliere gli investimenti che in futuro hanno maggiori probabilità "di rendere".

Purtroppo questo modo di procedere ti condurrà sempre a risultati scarsi, come è accaduto fino ad ora.

Nei prossimi capitoli proverò a raccontarti come stanno davvero le cose, nella speranza, poco alla volta, di cambiare il tuo modo di pensare agli investimenti.

Una volta che il tuo approccio agli investimenti sarà cambiato, cambieranno anche i risultati che otterrai dagli stessi.

Partiamo da un principio. La regola che sto per offrirti è apparentemente banale, ma fa una grossa differenza rispetto al rendimento che otterrai. Per questo motivo ti consiglio di farla tua e di assimilarla il più in fretta possibile.

È meglio disporre di un metodo di investimento imperfetto che muoversi sui mercati in modo impulsivo e casuale.

Cosa intendo esattamente con l'espressione "metodo" o "sistema" di investimento?

Un sistema per investire è semplicemente un *insieme di regole* che ti aiuta a decidere come costruire il tuo portafoglio, basandoti sulle tue esigenze, e ottimizzarlo in base all'andamento dei mercati. Grazie ad esso saprai sempre dove investire, quando farlo, quando vendere e quando rientrare sul mercato da cui sei uscito. Non preoccuparti troppo se il tuo sistema per investire non è il migliore in assoluto: nessuno ha la certezza che un metodo sia più efficace di un altro. Condividerò con te in questo libro il mio, sperando lo sia. Ma ricorda: ciò che conta davvero è che è un metodo che funziona e che ti permetterà, come permette a me, di ottenere una buona remunerazione dal tuo capitale.

Anticipo la risposta a una domanda molto frequente: sappi che il fatto che più persone usino lo stesso sistema non ne riduce la validità. Per questo sono felice di condividere con te quello che ho scoperto. Se anche tu userai il metodo che ti svelerò tra poco otterrai rendimenti superiori dai tuoi investimenti, come io li ottengo dai miei e nessuno dei due perderà in efficacia.

Dotarsi di un buon metodo è il primo passo per imparare ad investire in modo consapevole, semplice ed indipendente. Ma questo è solo il primo di una serie di passi che cambierà per sempre il tuo modo di pensare e di investire. Cos'altro conta?

B - Diversifica i tuoi investimenti all'estero

Esistono due tipi di investitore: quelli che amano le azioni e quelli che preferiscono le obbligazioni. Entrambi, però, commettono l'errore di concentrare i propri investimenti nel mercato domestico.

La maggior parte di chi pensa ad investire in azioni ha già individuato alcuni buoni titoli su cui "puntare". Si tratta tipicamente di Enel, Eni e Generali. Le prime due azioni piacciono perché offrono dividendi stabili e fanno parte dell'ossatura economica del nostro Paese; la terza è apprezzata grazie all'ingente patrimonio immobiliare di cui la società dispone.

Chi vuole investire in obbligazioni, invece, si rivolge ai titoli di stato italiani, in modo particolare ai BTP, o a qualche bond emesso da grandi aziende ritenute solide, ma sempre italiane. Investire in strumenti finanziari del proprio Paese ha una sua logica precisa: pensiamo di conoscere meglio ciò che abbiamo sotto gli occhi tutto il giorno, e siamo più tranquilli se investiamo in un'obbligazione emessa da Unicredit che non dal Banco Popular de Casablanca.

La concentrazione degli investimenti nel Paese di origine è una pratica piuttosto diffusa. Gli investitori, infatti, tendono a privilegiare ciò che conoscono meglio scegliendo il Paese di residenza o investendo nelle azioni della società per cui lavorano. Tuttavia così facendo concentrano pericolosamente i propri soldi su pochi strumenti finanziari accrescendo i rischi complessivi.

Immaginiamo, ad esempio, che una dura recessione colpisca l'Italia. In questo caso l'investitore che avesse concentrato i suoi attivi nel Paese subirebbe una riduzione del valore degli stessi. Al tempo stesso, a causa della crisi, potrebbe perdere il proprio lavoro. In questo modo lo stesso fenomeno avverso (la crisi economica, per intenderci) colpirebbe due volte la persona in questione. Questa, in definitiva, si troverebbe con la perdita del reddito da lavoro cui si somma la svalutazione del patrimonio finanziario.

Tutto ciò si può evitare diversificando di più il proprio portafoglio, soprattutto in una chiave internazionale.

La diversificazione internazionale ti permette di aumentare i rendimenti del tuo portafoglio a parità di rischi. O, se preferisci, di ridurre i rischi a parità di rendimento. Se non sei convinto e pensi che non valga la pena allargare i propri orizzonti ai mercati globali, lascia che ti dia qualche dato. Se sei una persona che predilige le azioni, sappi che:

- la borsa italiana rappresenta meno dell'1% della capitalizzazione mondiale, intesa come controvalore globale di tutti i titoli scambiati;

- i titoli quotati in Italia sono pochi; l'indice FTSE Mib ne comprende solo quaranta, volatili e che tendono ad "andare peggio" durante le fasi di ribasso e a guadagnare di meno rispetto alle azioni internazionali durante le fasi di rialzo.

Se sei un investitore in bond non puoi dimenticare che l'Italia è il terzo Paese debitore del mondo, superato solo da Stati Uniti e Giappone, il che lo rende molto vulnerabile alle oscillazioni dei tassi di interesse ed agli "umori" degli investitori.

Se a tutto ciò aggiungi che le scelte di investimento dell'investitore inconsapevole non coprono tutti i titoli detti, ma tendono a concentrarsi su pochissimi titoli azionari e qualche BTP, il quadro è completo.

La verità è che oggi ci muoviamo in un contesto internazionale. La globalizzazione finanziaria è un fenomeno che, in quanto investitori, non possiamo ignorare ma dobbiamo sfruttare a nostro vantaggio.

Sebbene non tutti i più grandi investitori siano concordi sull'importanza di diversificare all'estero, la maggior parte sostengono che sia un valore aggiunto. Mi piace sottolineare qui il pensiero di Sir **John Templeton**, l'uomo che fondò una delle più grandi ed importanti società di gestione del mondo. John era partito con un capitale residuo, ai tempi della Grande Depressione, ma grazie al suo metodo di investimento (ed alla diversificazione internazionale), riuscì ad accumulare una fortuna pari a diversi miliardi di dollari.

Sei ancora convinto che tutti i tuoi soldi debbano essere impiegati in Italia o, nel migliore dei casi, in titoli della zona Euro?

Se mi hai seguito fino a qui è possibile che tu ora stia guadando con occhi diversi l'investimento internazionale. abbandonare i vecchi amori non è facile: vediamo allora cosa puoi fare.

C - Addio ai BTP? No, però....

Noi italiani siamo senza dubbio dei creativi apprezzati in tutto il mondo, ma il nostro mercato finanziario è piccolo e fragile. Fino all'ultima decade del secolo scorso, di fatto, non esisteva un mercato dei capitali in Italia. I titoli di stato erano l'unica alternativa per l'investitore comune: rendevano bene, erano percepiti come "sicuri" ed era facile comprarli.

Pensando di tenere i nostri BTP (o BOT all'epoca) fino alla scadenza, le vicende che coinvolgevano il prezzo durante la vita del titolo non ci interessavano. Se la quotazione scendeva aspettavamo, certi di recuperare il nostro capitale nel giro di poco tempo con il rimborso del bond.

A partire dal 1997, con l'ingresso dell'Italia in Europa, i rendimenti obbligazionari sono scesi pressoché ininterrottamente. Oggi il debito pubblico italiano è ulteriormente cresciuto, mentre il rendimento dei titoli di Stato permane su livelli piuttosto bassi. Il mercato azionario è fragile e soggetto ad oscillazioni molto forti che lo fanno salire e scendere con violenza, come una foglia trascinata dalla corrente di un torrente in piena.

Pensare di concentrare tutti i tuoi investimenti in Italia, semplicemente non ha senso. Grazie all'apertura dei mercati, ed ai **"veicoli di investimento"** di cui ti parlerò nel prossimo paragrafo, puoi dirottare i tuoi soldi sui mercati esteri senza nemmeno uscire di casa e continuando ad usare il tuo abituale conto corrente.

Non ti chiederò di stravolgere il tuo attuale portafoglio dalla sera alla mattina. Non è necessario rivoltarlo come un guanto cambiando tutto, ma solo prendere coscienza del fatto che se tutti i tuoi investimenti si concentrano in Italia, per il futuro dovrai attrezzarti affinché il tuo portafoglio sia diversificato anche all'estero, abbracciando Paesi che sono fuori dalla Zona Euro.

Investire all'estero parte del tuo portafoglio ti darà numerosi benefici:

- l'andamento dei tuoi investimenti sarà meno correlato a ciò che succede in Italia ed in Europa;

- l'andamento del tuo portafoglio sarà più "lineare" e meno soggetto agli scossoni forti cui siamo abituati. Tanto più un mercato finanziario è "maturo" tanto meno è volatile, il che ti permetterà di evitare visite cardiologiche troppo frequenti dovute ad impennate e cadute del controvalore dei tuoi investimenti.

Ora che abbiamo posato il secondo mattone che ti permetterà di guardare al mondo degli investimenti con occhi nuovi, è tempo di posare la terza pietra.

D - Usa i veicoli di investimento invece dei singoli titoli

Non sottolineerò mai abbastanza l'importanza di usare i veicoli di investimento diversificati e a basso costo invece dei singoli titoli. Per questo motivo permettimi di raccontarti un aneddoto che ti farà capire la potenza e l'efficacia di questi strumenti finanziari.

Ero convinto di aver fatto un buon affare. *"Le banche guadagnano sempre, per cui anche le loro azioni dovrebbero salire nel corso del tempo"* pensai in quel lontano e freddo inverno del 1994, mentre mi accingevo ad investire in azioni della Banca Commerciale Italiana, Comit, da poco privatizzata.

Erano le prime azioni che compravo, rigorosamente italiane, perché all'epoca non sapevo che cosa significasse l'errore **"distorsione da Paese di origine"**. A dire il vero non avevo nemmeno un metodo di investimento: fino a pochi giorni prima il mio portafoglio era composto solo da titoli di stato, ma avvertivo la necessità di diversificare maggiormente, così comprai delle azioni di una banca all'epoca molto in vista.

Il peso delle "Comit" era pari ad un quinto del mio intero portafoglio. Bella cavolata!! *Il 20% dei miei soldi era investito in azioni di un'unica società, italiana ed appena privatizzata.*

Come disse Robert MacDougal, perfettamente interpretato da Sean Connery nel film "Entrapment", *"le sorprese non mancano mai"*. Fu quella la prima volta nella quale vissi sulla mia pelle la sgradevole impressione di aver comprato (forse) le azioni giuste, ma nel momento sbagliato.

La prima cosa che pensai fu che il mercato scendeva appena dopo che ero entrato io. Un anno dopo, quando l'amministratore delegato della banca, Luigi Fausti, annunciò l'aumento di capitale, le "Comit" valevano il 55% di quello che le avevo pagate.

Gli anni novanta erano molto diversi da oggi: non esisteva nemmeno l'ombra della crisi finanziaria che tredici anni dopo avrebbe messo il mondo in ginocchio, e le Torri Gemelle troneggiavano sullo skyline di Manhattan. Ma per un investitore azionario in erba perdere la metà del capitale investito era davvero molto: si traduceva in un -10% sull'intero portafoglio.

Ancora non lo sapevo, ma il mio portafoglio era ostaggio del rischio specifico legato ad un titolo in particolare.

Il rischio specifico è una bomba a orologeria per il tuo portafoglio?

Iniziando a leggere parecchi libri di finanza scoprii una cosa di fondamentale importanza: l'acquisto di singole azioni comporta un rischio "*specifico*", che si aggiunge al rischio "*sistematico*" di mercato.

Quando compri delle azioni, il loro prezzo dipende sia dall'andamento generale della borsa in cui gli stessi titoli saranno scambiati, sia dalle vicende particolari che influiscono sulla singola società. La scomparsa di Steve Jobs avvenne in un momento favorevole per la borsa americana, tuttavia alla notizia della morte del suo carismatico e geniale fondatore, Apple perse il 3,70% sulla borsa di Francoforte.

Ovviamente può accadere il contrario: se le azioni della società in cui hai investito attraversano un momento particolarmente favorevole, i titoli potranno continuare a crescere in controtendenza. Ma sottoporre i tuoi investimenti alla duplice presenza del rischio specifico e di quello sistematico non è una cosa saggia. La buona notizia è che grazie alla diversificazione, attuata grazie ai veicoli di investimento, potrai eliminare il rischio specifico correndo solo quello sistematico.

Hai a disposizione due metodi per ridurre il rischio specifico, fino ad azzerarlo completamente:

- comprare un ampio numero di titoli ciascuno dei quali rappresenterà una   frazione molto piccola del tuo portafoglio;

- usare un veicolo di investimento.

La prima opzione è consigliata solo per gli investitori istituzionali (come le banche o i fondi pensione, per capirci) che, avendo a disposizione enormi somme di denaro e molto tempo da dedicare alla loro gestione, possono inserire in portafoglio anche un centinaio di titoli diversi senza grossi problemi.

Ma per un investitore privato, come te o come me, questa scelta non è percorribile. Se anche lo fosse, ti troveresti in casa un enorme numero di titoli da seguire nel tempo ed un estratto conto lungo quanto la strada che unisce Genova a Milano. Ecco perché l'alternativa più semplice per eliminare il rischio specifico, legato alle vicende che colpiscono una singola società, consiste nell'usare i veicoli di investimento.

Come i veicoli di investimento salveranno il tuo capitale

Un veicolo di investimento è un contenitore di prodotti finanziari, grazie al quale puoi ottenere una grande diversificazione a basso costo.

Puoi immaginare un veicolo di investimento come una grande scatola che all'interno contiene molti oggetti. Così come per mettere in ordine la casa ti bastano poche grandi scatole dell'Ikea, un numero ridotto di buoni veicoli di investimento ti permetterà di attutire le oscillazioni negative che i singoli eventi societari rischiano di apportare al tuo portafoglio.

Un veicolo di investimento, ad esempio, ti permette di comprare tutte le 500 azioni quotate sulla borsa americana, oppure 1.800 obbligazioni emesse da società europee, o i principali titoli di stato emessi dai governi di tutto il mondo, in una sola mossa. Fino a questo momento hai già usato in modo inconsapevole i veicoli di investimento per le tue scelte di portafoglio investendo in fondi comuni. Fino al 2002 essi erano l'unico strumento che avevi a disposizione per diversificare il tuo capitale con poche grandi scatole piene di strumenti finanziari.

I fondi comuni sono prodotti finanziari da evitare, in quanto molto costosi e poco redditizi, ma fino al settembre 2002 erano l'unica alternativa che avevi rispetto all'acquisto di pochi singoli titoli. Quello che ti ho detto, peraltro, si adatta anche molto bene al mercato obbligazionario; nell'esempio ti ho parlato di azioni, ma se hai in portafoglio tutti BTP stai correndo un rischio specifico molto alto: se l'Italia ristrutturerà il debito pubblico, subirai ingenti perdite.

Nel Capitolo 4 vedremo quali sono e come vanno scelti ed usati i migliori veicoli di investimento a basso costo disponibili sul mercato. Ma è bene che ti abitui fin da ora ad una regola fondamentale:

> **abbandona l'idea di investire in singole azioni o in singole obbligazioni. A meno che tu non abbia un capitale pari a qualche milione di euro e molto tempo da dedicare ad ogni singolo investimento, la via migliore per investire con successo consiste nell'usare i veicoli di investimento.**

Tuttavia puoi anche aver individuato il mercato giusto ed avere lo strumento migliore, ma questo non ti metterà al riparo dalle possibili perdite o dai mancati guadagni. Di recente mi è capitato di parlare con una persona che aveva individuato un ottimo veicolo per investire nelle obbligazioni europee, ma lo aveva comprato nel momento sbagliato.

Indovina un po' che cosa mi ha detto? *"Entro io e il mercato scende"*... Non era sfortunato, e nessuno gli aveva inviato un flusso malefico di magia nera. Semplicemente gli mancava un tassello importante che, se solo lo avesse conosciuto, lo avrebbe reso un investitore libero.

Hai fatto dei grandi passi avanti, fino a questo momento. Hai imparato che per avere successo nel mondo degli investimenti devi avere un metodo. Hai scoperto che non puoi (e non devi) concentrare il tuo portafoglio in Europa o peggio in Italia. Infine ti sei reso conto che detenere veicoli di investimento, invece che singoli titoli, ti permetterà di dormire sonni tranquilli senza aumentare i rischi.

A questo punto, però, devo darti una brutta notizia. Se ti manca una qualità importante i risultati non arriveranno MAI. È tempo di scoprire questa qualità, semplice da capire ma difficile da applicare.

Sviluppa la *disciplina*

La disciplina è un aspetto fondamentale per avere successo con gli investimenti. Molte persone credono che i rendimenti derivino per lo più dall'applicazione di tecniche miracolose. Ma lascia che ti dica una cosa. I guadagni che otterrai dai tuoi soldi dipendono solo per il 20% dal metodo applicato. Per l'80% essi derivano dalla disciplina nel seguire il metodo stesso, facendo le cose meno intuitive nei momenti giusti.

Te la senti di essere disciplinato? O ti senti più simile a Piero, che stai per conoscere? In questo secondo caso sappi che andrai incontro alla stessa sorte che è capitata a lui.

Con il suo fisico asciutto, la chioma fluente color castano, la pelle abbronzata e l'assenza di rughe sul volto, Piero mostrava meno dei 50 anni che portava benissimo. Il suo portamento e il fisico muscoloso non lasciavano dubbi circa il fatto che, oltre ad essere una persona curata che trascorreva parecchio tempo in palestra, era anche una persona decisa.

Piero non era sempre stato così: a venti anni era terribilmente sovrappeso, la pelle era di un colorito giallastro – malaticcio e la sua autostima era bassa. Raggiunti i trent'anni iniziò una profonda trasformazione che lo avrebbe fatto diventare l'uomo affascinante e deciso che è diventato oggi.

Poco dopo un evento improvviso travolse la sua vita. L'amato nonno Riccardo, che adorava il suo unico nipote, si spense serenamente nella sua casa di Selva di Gardena, in Alto Adige, dove risiedeva da Qualche anno. Oltre ad essere un grande appassionato di montagna, Riccardo era un imprenditore vecchio stampo; "*i soldi si fanno con il sudore della fronte*" ripeteva spesso, "e non con questi giochetti finanziari a base di *swaps*". La diffidenza verso il sistema finanziario, che non conosceva ed anzi si rifiutava di comprendere, aveva avuto una conseguenza estrema: tutto il suo patrimonio era depositato su sei conti correnti aperti presso altrettante banche. Ora però il "malloppo" liquido e milionario stava per passare nelle mani di Piero.

Trovatosi all'improvviso a gestire un patrimonio di grande valore, Piero era desideroso di "metterlo a reddito", per poter dedicare più tempo ai propri hobby, l'ultimo dei quali, ironia della sorte, era l'arrampicata in montagna.

Piero non aveva grandi competenze finanziarie, ma aveva sentito dire dallo zio Carlo che un buon sistema per investire si fonda su due pilastri portanti:

- la diversificazione del portafoglio, attraverso l'acquisto di tanti prodotti finanziari tra loro poco correlati;

- la detenzione del portafoglio "nella buona e nella cattiva sorte" per un periodo di tempo lungo

Piero aveva anche sentito dire che non è possibile "battere" il mercato, ottenendo rendimenti maggiori della media, per cui gli piaceva l'idea di creare una grande diversificazione e lasciare che il patrimonio desse i suoi frutti in modo spontaneo.

Ma, come a volte accade, una costruzione meravigliosa progettata sulla carta non regge una volta che è costruita in mattoni e calcestruzzo: un conto è la teoria, altro conto è la pratica.

Mischiare sistemi diversi per investire farà a pezzi il tuo portafoglio

Giuseppe, un amico di arrampicata di Piero, iniziò a magnificare i rendimenti che stava ottenendo grazie all'acquisto di azioni cinesi. Piero non le aveva nemmeno considerate, quando progettò il suo portafoglio. Da investitore "passivo" aveva preferito diversificare tra obbligazioni ed azioni di tutto il mondo, attribuendo alle prime una quota pari al 80% del totale, ed alle seconde una quota del 20%.

Le azioni cinesi non gli piacevano, perché erano troppo volatili per i suoi gusti, ma sentendo che Giuseppe diventava più ricco ogni volta che si incontravano, Piero iniziò a dubitare del suo sistema. *"Forse non è una buona idea comprare e tenere tutto fermo nel tempo"*, pensò. L'idea che esistesse un sistema migliore del suo iniziò a farsi breccia nella sua testa. *"In fondo che male c'è se faccio un po' di trading"*, rimuginava tra sé e sé. E finì per investire nelle azioni cinesi. La scalata alla montagna successiva, in programma per la domenica seguente, fu particolarmente dura. Non solo la parete rocciosa era liscia come una tavola da surf, ma c'era un nuovo problema da affrontare e risolvere: le azioni cinesi avevano avuto un crollo del 25% in pochi giorni. Quando Piero chiese consiglio a Giuseppe la risposta che ebbe lo rassicurò molto: *"comprane delle altre"* gli disse l'amico, ancora trafelato per la salita in quota.

Piero aveva abbandonato il suo metodo, basato sul buy & hold, per seguire i consigli di un amico che, invece, faceva trading usando le **bande di Bollinger**. Il metodo di Giuseppe era incompatibile con quello di Piero che, tuttavia, decise di assecondare i consigli dell'amico.

Quando le azioni cinesi persero il 50%, Piero non se la sentì di comprarne altre. Stava perdendo sia sulla prima tranche sia sulla seconda. Giuseppe continuava a ripetere che le azioni, le cui quotazioni erano uscite dalla "banda" inferiore, vi sarebbero rientrate, ma i due, dopo quanto era accaduto, non erano molto più in relazione e le uscite in montagna si facevano sempre più rare. Piero liquidò tutto in perdita e non pensò più alle azioni cinesi.

Una domenica mattina il telefono di Piero squillò. *"Hai visto che botta?"*, diceva a gran voce Giuseppe all'altro capo del filo. Le azioni cinesi avevano quadruplicato il proprio valore, ma Piero le aveva vendute. Quella mattina giustificò il bernoccolo che si era procurato sbattendo la testa contro il muro dicendo alla sua nuova fidanzata che aveva sbattuto la testa contro la cappa della cucina cambiata da poco.

Il segreto per ottenere guadagni costanti nel tempo

Piero ebbe una folgorazione, dovuta forse alla botta ricevuta: perché non applicare agli investimenti le stesse regole che avevano trasformato un ventenne in sovrappeso in un uomo dal fascino irresistibile? Quante volte avrebbe voluto cambiare sport ma non lo aveva fatto? Quante volte aveva lottato contro la tentazione di passare dalla dieta a zona alla Dukan ma aveva desistito, pensando che fosse meglio seguire con il suo piano originale?

In fondo, aveva pensato, così come cambiare continuamente allenatore, metodo di allenamento e dieta allontana il raggiungimento del proprio traguardo, passare da un sistema per investire ad un altro crea più danni che opportunità di profitto.

Se fosse partito con la tecnica di Giuseppe avrebbe guadagnato, così come avrebbe ottenuto rendimenti elevati, paradossalmente, anche dalla semplice detenzione del suo portafoglio. Quello che lo aveva rovinato è stato il passaggio, repentino e ingiustificato, da un sistema ad un altro.

Quello su cui vorrei richiamare ora la tua attenzione è un altro punto: quei pochi investitori che hanno un metodo per investire tendono a cambiarlo troppo spesso e troppo sovente, pensando che ne esista uno migliore, ma scoprono presto che il vecchio sistema aveva iniziato a funzionare proprio dopo che lo avevano abbandonato.

Nessun sistema per investire è perfetto: ognuno di essi funziona bene in alcuni contesti ma non in altri; se cambi continuamente metodo alla prima delusione non otterrai mai risultati duraturi, perché adotterai un nuovo sistema quando questo è sulla cima e sta per scendere, ed abbandonerai il vecchio sistema che sta per salire dalla valle in cui era sceso.

Ma se per diventare investitori liberi è sufficiente avere un sistema, essere disciplinati nel seguirlo, investire all'estero ed usare pochi veicoli di investimento con una grande diversificazione, come è possibile che il mercato scenda appena fai un investimento?

Come mai, allora, gli investimenti che la tua banca ti consiglia perdono valore subito dopo che li hai sottoscritti? È possibile che gli esperti sbaglino sistematicamente quando cercano di consigliare i propri clienti?

La verità è ovviamente un'altra. Purtroppo per come è composto attualmente il sistema la banca ha tutto l'interesse a consigliarti investimenti in perdita. Nel prossimo capitolo vedremo cosa trama realmente il bancario alle tue spalle affinché a lui vadano onori e vacanze premio, e a te gli oneri.

2

Perché le banche vogliono che tu perda?

La banca è un'azienda particolare che negli ultimi trent'anni ha cambiato radicalmente modus operandi, trasformandosi da mediatore del credito a **supermercato di prodotti finanziari.**

Ciò permette alle banche di ottenere profitti dal collocamento di prodotti finanziari, senza per questo correre il rischio di default connesso con l'erogazione di credito. Poiché il passaggio non è per nulla banale, occorre fare un passo indietro per comprendere come siamo arrivati a questa situazione e a cosa devi fare attenzione se vuoi investire in modo consapevole i tuoi capitali.

Fino all'ultima decade del 1900 le banche raccoglievano soldi dai depositanti per prestarli alle imprese, svolgendo un ruolo molto efficace nel supportare la crescita economica. Grazie alla protezione della Banca d'Italia e al fatto che gli istituti erano pubblici, tutto procedeva per il meglio. Tuttavia il sistema finanziario che si era delineato, basato sull'intermediazione bancaria, precludeva a molte imprese la possibilità di ottenere più credito rivolgendosi direttamente al mercato.

L'arrivo della concorrenza estera, resa possibile dall'apertura delle frontiere, cambiava profondamente lo scenario in cui le nostre banche si sarebbero trovate ad operare. Ieri esse galleggiavano pigramente in una confortevole piscina dai bordi definiti; oggi le stesse si sarebbero trovate a competere con colossi esteri.

La soluzione che fu adottata fu quella di *privatizzare le banche*, ma con l'arrivo dei capitali privati iniziarono i guai.

"Perché continuare a concedere prestiti correndo in prima persona i rischi di default dei debitori, se possiamo guadagnare di più correndo rischi minori grazie alla vendita di prodotti finanziari?", devono aver pensato i nuovi banchieri. Così, nel giro di pochi anni, il sistema bancario si trasformò in una grande **fabbrica** di produzione e vendita di strumenti finanziari che avrebbe gravato i patrimoni di intere famiglie. Ma come è stato possibile arrivare a ciò? E perché la regola fondamentale che vale per tutte le altre aziende non trova applicazione in ambito bancario?

Le banche sfruttano il timore degli investitori di vendere in perdita

Vendere prodotti finanziari è molto meno rischioso che concedere prestiti. Se la Banca Unifurbit deve finanziare la Fritted Automobiles con fondi propri corre il rischio di subire una perdita qualora il debitore non onori il proprio impegno. La concessione "allegra" di finanziamenti ad imprese e privati poco solidi hanno, infatti, generato buchi di bilancio mostruosi per le banche, che hanno dovuto ricorrere a nuove fonti di finanziamento per tirare i piedi fuori dalla palude.

Immaginiamo ora uno scenario diverso. Invece di raccogliere soldi dai risparmiatori per prestarli alla Fritted Automobiles, Banca Unifurbit apre un fondo di investimento, uno di quei collettori di risparmio gestiti da professionisti. Propone poi la sottoscrizione del prodotto tra i propri clienti, facendo leva sull'immagine di "istituto del quale ci si può fidare".

Nel giro di pochi giorni il fondo fa il pieno di raccolta, la banca ha le casse sfondate dal peso delle commissioni di ingresso che i clienti hanno pagato, ed il fondo è pronto a comprare, tra gli altri titoli, anche i bond della Fritted, che così ottiene il finanziamento che le serve.

Se le cose non vanno per il verso giusto e la Fritted Automobiles scricchiola a farne le spese saranno i sottoscrittori del fondo, che perderà valore, ma non i banchieri né i bancari. Questi, dopo aver incassato la commissione per la vendita del fondo che ha fatto l'investimento nei bond sciagurati, continueranno a drenare risorse grazie alle commissioni di gestione prelevate ogni tre mesi direttamente dal patrimonio del fondo.

I clienti odiano vendere un investimento in perdita, e ciò finisce con il gonfiare il portafoglio della banca. Se un fondo scende l'unica alternativa percorribile dall'investitore sembra essere quella di tenerlo fino a che recupera. Nel frattempo, però, il tassametro delle commissioni di gestione continua a correre.

Non hai idea di quante volte, in passato, ho commesso questo errore; sono sicuro che lo hai commesso anche tu. Entrambi abbiamo fatto il gioco della banca. Scegliendo di tenere un fondo di investimento in perdita la banca continua a guadagnare sulle commissioni-tassametro che girano inarrestabili fino a che, per parafrasare Woody Allen, *"non resterà più nulla"*.

La fine del sogno che ha fatto risorgere le performance

Quando studiavo ragioneria, all'Istituto Vittone di Chieri, in provincia di Torino, avevo un sogno: quello di fare rendere al meglio i risparmi miei e della mia famiglia, così da ottenere un guadagno grazie al lavoro di una massa di denaro inerte.

Fu per quello che studiai avidamente Tecnica Bancaria e, all'Università, scelsi l'indirizzo in Economia dei Mercati Finanziari. L'idea che avevo in mente è che ci fossero degli esperti che sapevano esattamente cosa sarebbe accaduto sui mercati, e la cui frequentazione mi avrebbe permesso di ottenere rendimenti elevati dai miei soldi.

Il modo migliore per scoprire i segreti delle banche è lavorare al loro interno, avevo pensato. E la pioggia di curriculum che inviai alla fine degli anni '90, fresco di una laurea con il massimo dei voti, cadde su tutte le banche di Torino e Provincia.

Quando un importante banchiere mi chiamò per confermarmi che sarei stato assunto nella "banca dei ricchi", mi sembrava di sognare. Ma il sogno si trasformò presto in un incubo dal quale cercai di fuggire a gambe levate.

Ebbi difficoltà ad adattarmi al nuovo ambiente, sia a causa della mia timidezza di allora, sia del fatto che ero guardato con una certa diffidenza dai colleghi delle filiali. Per loro lavorare al "Private" era un traguardo che avrebbero raggiunto dopo anni di gavetta, mentre io ero arrivato subito nella stanza dei bottoni, quella in cui si gestivano i soldi dei clienti più ricchi.

Gli anni '90 erano un periodo di transizione sotto due aspetti:

- i titoli di stato rendevano sempre meno, per cui cresceva la domanda di strumenti d'investimento più redditizi;

- le banche viravano dalle competenze tecniche all'indottrinamento commerciale.

In modo particolare i centri "Private" sparsi sul territorio non erano più composti da tecnici esperti dei mercati finanziari come me, ma da **agguerriti venditori** assetati di contratti.

La gestione dei portafogli avveniva per lo più usando i fondi di investimento che rendevano bene alla banca, grazie alle commissioni di gestione prodotte. Il doppio onere percentuale, prelevato sia sulla gestione patrimoniale (il contenitore), sia sui fondi che la banca inseriva all'interno dello stesso (il contenuto), permetteva all'istituto di realizzare grandi profitti con un rischio pari a zero.

La cosa che più mi colpiva, oltre alla forte vocazione commerciale della banca, era la *mancanza di una strategia complessiva*. Gli stessi gestori, più abili di me e con una maggiore esperienza, sceglievano i titoli da comprare con i soldi dei clienti in modo arbitrario e "viscerale".

Se procedevamo a tentoni al momento dell'acquisto, non avevamo idea di quando avremmo venduto. "I *mercati crescono sempre*" pensavamo, così i portafogli dei clienti passavano da due poli opposti. Alcuni di essi erano troppo conservativi, cosicché i guadagni erano corrosi dalle esose commissioni che la banca intascava, altri erano troppo esposti sull'azionario.

Ci volle poco perché i dirigenti si rendessero conto che i fondi azionari erano quelli che rendevano di più. Per questo li avremmo inseriti presto in tutti i portafogli, aggravando notevolmente i rischi. Spesso mi domandavo che cosa sarebbe successo se il mercato avesse invertito la sua rotta, ma non potevo immaginare che avere dei clienti in perdita fosse una panacea per le banche, che ormai stavano abbandonando la concessione di prestiti a favore del collocamento di strumenti finanziari del "risparmio gestito".

Stufo dell'ambiente che si era venuto a creare, abbandonai la banca per passare ad un altro istituto facente parte di un importante gruppo bancario europeo. Qui le cose peggiorarono rapidamente, perché la vocazione della banca era al 100% commerciale.

Poiché i guadagni sui prodotti venduti si concentrano sui nuovi ingressi, tutta la mia attività consisteva nel promuovere fondi di investimento e polizze agli ignari clienti.

Vedere come dei professionisti della finanza si muovevano in modo goffo e dilettantesco di fronte a mercati instabili e complessi mi lasciò di stucco. Come chirurghi dalla mano tremolante, i gestori erano interessati solo a vendere nuovi prodotti alla clientela, guadagnando sulla raccolta preesistente grazie alle commissioni di gestione. Ecco perché i clienti in perdita, "che non vendono mai", erano una risorsa: demoralizzati ed abbandonati a se stessi continuavano a pagare la tassa di gestione, mentre i "bankers" attiravano nuovi clienti grazie a trucchi persuasivi sempre più sottili.

Quando abbandonai il sistema bancario avvenne l'imprevedibile. La scoperta del fatto che gli esperti sono talmente centrati sul proprio ego da non abbassarsi ad elaborare e seguire un sistema per investire mi diede un grande successo come investitore indipendente.

Il mio sogno di fare carriera in banca era finito, ma le performance che ottenevo dai miei investimenti erano straordinariamente buone grazie al metodo che avevo elaborato e continuavo ad affinare, e che ora sono pronto a condividere con te.

La dieta vegetariana del macellaio

Ora che hai appurato che l'obiettivo principale delle banche è quello di vendere i prodotti del risparmio gestito, è tempo di fare un altro passo avanti e comprendere perché un macellaio non ti darà mai consigli per una dieta a base di verdure.

In fondo il macellaio vende carne, per cui ti dirà sempre e comunque che le proteine animali sono più efficaci di quelle vegetali. Questa logica, nota come *"conflitto di interesse"*, è particolarmente vivida nel panorama bancario.

La banca ha un catalogo prodotti, ciascuno dei quali ha un diverso grado di rendimento per la banca stessa: ai primi posti svettano le polizze vita e i *certificates* di investimento, seguono i fondi comuni con in testa i prodotti azionari e quelli flessibili.

Se la tua banca fosse un vero consulente ti consiglierebbe in modo indipendente i migliori prodotti di investimento da inserire in portafoglio. Essendo, al contrario, un venditore pagato in base alla produzione, saranno sempre i tuoi "capricci" di investitore a guidare l'offerta dei prodotti. In passato questa politica ha permesso alle banche di realizzare grossissimi profitti riducendo lo sforzo. E pazienza se il mercato ha iniziato a scendere poco dopo che avevi investito.

Nei primi mesi del 2000 appariva chiaro, agli addetti ai lavori, che il mercato azionario legato alle tecnologie era decisamente sopravvalutato. La speranza di ricevere alti utili in futuro grazie allo sviluppo di internet si traduceva in prezzi assurdi dei titoli quotati. Ricordi il caso di Finmatica, fondata da Pierluigi Crudele? E che dire delle Tiscali? La follia finanziaria si era impossessata delle menti degli investitori.

In quel contesto sarebbe stato opportuno iniziare ad allertare gli investitori, dicendo loro che le quotazioni erano troppo alte e che sarebbe stato meglio per loro posizionarsi in difesa, più che in attacco. Ma era più facile cavalcare l'avidità che arginarla.

Nel marzo del 2000 furono collocati nuovi fondi azionari specializzati nei titoli *High Tech*. Prodotti destinati a scendere dopo poco, ma che avrebbero tenuto i clienti legati al proprio istituto per oltre quindici anni, il tempo necessario affinché le quotazioni ritornassero sui livelli iniziali.

Chi cadde nella trappola, invece, non avrebbe più rivisto i soldi versati. A colpi del 2% l'anno le commissioni di gestione hanno affossato la quotazione dei fondi tecnologici, anche se l'indice di mercato in cui gli stessi investono è tornato sui livelli precedenti la crisi.

Nel 2003 il mercato azionario si era sgonfiato. Un buon sistema per investire ti avrebbe detto di passare dalle obbligazioni alle azioni, ma la paura rendeva più semplice vendere prodotti "sicuri" che investimenti redditizi. Gli stessi investitori, che tre anni prima volevano guadagnare, ora cercavano di "non perdere".

Di nuovo la mancanza di un sistema e della disciplina necessaria a tenere la rotta anche nei momenti difficili, penalizzò questi poveri investitori, la cui unica colpa fu di seguire i consigli interessati dell'intermediario di cui si fidavano.

Alle banche interessa venderti prodotti finanziari ad alto tasso di commissioni, e sa che per farlo è meglio assecondare la tua paura o alimentare la tua avidità a seconda dei casi. Invece di fornire un servizio di educazione finanziaria, gli istituti ti trattano come il macellaio che conduce il vitello verso il macello, dove sarà prima ucciso e poi squartato.

Prima di imparare come costruire il tuo portafoglio, con metodo e disciplina, dobbiamo prendere consapevolezza di quello che c'è già nel tuo conto titoli.

Nel prossimo capitolo vedremo come scoprire e quantificare i **costi nascosti** che stai pagando alla tua banca e che tengono zavorrato a terra il tuo portafoglio, anche se in un certo momento i mercati stanno volando.

I mercati sono imprevedibili per tutti, e questo vale sia che tu scelga di investire in obbligazioni, sia che tu scelga le azioni. *Le performance di un investimento sono intrinsecamente imprevedibili, ma i costi che paghi sono certi.*

Gli oneri che gravano sui tuoi investimenti rappresentano un'asticella che chi si occupa dei tuoi risparmi deve superare affinché tu possa guadagnare. In un mercato molto competitivo, in cui gli operatori non dispongono di un sistema collaudato per generare performance, è probabile che i rendimenti al lordo dei costi convergano verso la media. Ma, una volta sottratti i costi, i guadagni che otterrai saranno tanto più bassi quanto più elevate sono le commissioni che paghi.

Questo è ciò che ha scoperto il premio Nobel per l'economia William Sharpe, ma che la tua banca si guarda bene da dirti. E ciò che stai per scoprire è ancora più scioccante e rappresenta un vero pericolo cui il tuo portafoglio è esposto.

3

E se il tuo portafoglio avesse il cancro?

I pericoli di un portafoglio pieno di amianto

Camminando per i sentieri che attraversano i boschi di castagne della bassa Valle di Susa capita spesso di incontrare dei ciottoli di colore azzurro. Sono pietre graziose da vedere, con le loro vene bluastre. Mio figlio Matteo mi chiede sempre di portarlo a vedere la cava dove si trovano in gran quantità "sassi azzurri".

Il materiale che rende le pietre così colorate in passato era molto usato nella costruzione di case, ma poi è stato bandito per colpa della sua pericolosità. Grazie al suo basso costo ed alla sua versatilità, l'amianto veniva usato moltissimo nell'edilizia; le baite valsusine sono tutte foderate dalle "*lose*", pietre di copertura composte in gran parte di amianto.

Nei decenni passati non si sapeva che questo minerale fosse pericoloso, per cui era naturale trovarlo un po' ovunque. Se ti stai domandando che cosa c'entri l'amianto con i fondi comuni di investimento che la tua banca quotidianamente ti propone, tra un istante troverai la risposta.

Quando sono nati, nel lontano 1983, i fondi di investimento erano simili all'amianto di un tempo: avevano tutte le premesse per offrire un valore aggiunto a chi li sottoscriveva. Solo il trascorrere degli anni avrebbe dimostrato che essi sono cancerogeni.

Per tua fortuna, però, puoi agire prima che il danno si propaghi e il tumore devasti il tuo portafoglio: a differenza dell'amianto, che necessita di apposite ditte per essere smaltito, grazie a ciò che imparerai tra pochissimo, potrai disfarti da solo dei fondi che non funzionano.

Il buono e il cattivo servizio che ti danno i fondi di investimento

A partire dagli anni '90 del secolo scorso i mercati finanziari sono diventati sempre più complessi. Nuove tecniche di negoziazione stavano sviluppandosi, mentre attraverso nuove tecniche di gestione quantitativa, gli operatori incrementarono volatilità dei mercati. incrementarono volatilità dei mercati. A titolo di esempio, nel 1994 arrivò la contrattazione telematica via computer, e apposite Società di Intermediazione Mobiliare, o SIM, mandarono in pensione i "vecchi" agenti di cambio che gridavano nella sala delle contrattazioni della Borsa di Milano.

La facilità di accesso ai mercati grazie alle nuove tecnologie e l'apertura ai mercati esteri richiedevano nuove abilità agli investitori italiani, da sempre abituati a cibarsi di BOT, e questo favorì lo sviluppo dell'industria dei fondi grazie al "servizio buono" che gli stessi offrono.

Quando scegli di sottoscrivere delle quote di un fondo di investimento acquisti, in un solo "colpo" due servizi:

- la diversificazione del portafoglio;

- la gestione professionale dei tuoi investimenti.

> **La diversificazione del rischio, ottenuta attraverso l'acquisto di innumerevoli titoli di emittenti diversi, è l'UNICO valore aggiunto che i fondi di investimento offrono ai propri clienti.**

Preso atto che investire in titoli di stato non è più conveniente come in passato, e nemmeno più così sicuro, per aumentare i rendimenti dei tuoi investimenti devi allargare i tuoi orizzonti. Per tenere sotto controllo i rischi, poi, è indispensabile che tu adotti un approccio molto diversificato, ma è impossibile costruire un portafoglio equilibrato senza l'uso dei veicoli di investimento.

Immagini cosa vorrebbe dire comprare, ad esempio, 150 obbligazioni diverse quotate nei mercati dei bond di tutto il mondo? I fondi comuni offrono un buon servizio di diversificazione del rischio. Essi, infatti, in qualità di veicoli di investimento, ti permettono di creare un portafoglio molto redditizio e relativamente poco rischioso con un numero limitato di prodotti.

Il secondo servizio che compri, però, è la classica fragola marcia che guasta il sapore di tutta la torta.

Sto parlando della inutile gestione professionale del risparmio.

Il medico e il giocatore d'azzardo alle prese con i loro investimenti

Il cancro dei fondi comuni è il servizio di gestione professionale del risparmio, che fa crescere i costi a tuo carico e finisce con il generare rendimenti insoddisfacenti per colpa dell'impossibilità dei gestori di ottenere performance superiori a quelle medie dei mercati in cui investono.

Come mai i gestori farebbero meglio a comprare un paniere di titoli, spegnere la luce ed i pc ed andare a casa? Lavorando in banca un errore compiuto mi fece toccare con mano una verità sconvolgente.

Nell'anno 2000, insieme con il team di Private Banking di cui facevo parte, decidemmo di investire i soldi dei nostri clienti in azioni giapponesi. Individuammo il veicolo di investimento adeguato e inserimmo gli ordini. Il mercato finanziario del Giappone è particolare: raggiunse il suo apice nel 1989, dopo di che si mosse in modo fluido tra massimi e minimi per anni; la classica situazione di stallo che rende difficile ottenere guadagni.

Ma in quel momento qualche cosa stava cambiando e noi investimmo timidamente nell'indice Nikkei 225 della borsa di Tokyo. A causa di un errore al momento dell'inserimento degli ordini, però, comprammo una quota doppia di azioni giapponesi rispetto a quella voluta.

I portafogli dei clienti erano esposti a rischi più alti di quelli preventivati, ma la dea bendata ci baciò in fronte. Grazie all'improvvisa rivalutazione del mercato i nostri clienti ebbero rendimenti molto alti per alcuni mesi.

Fu un errore casuale a creare l'extra performance che distinse il mio team nell'anno 2000 per i rendimenti ottenuti. I mercati finanziari sono complessi e si muovono, apparentemente, senza una logica precisa.

Quando si tratta di investimenti è difficile – se non addirittura impossibile – distinguere l'abilità dalla fortuna. Un certo rendimento di un dato fondo è stato realizzato dalla volatile fortuna o dalla stabile bravura del gestore? Se guardiamo le statistiche non abbiamo dubbi: *è la fortuna il fattore cruciale che permette ad alcuni gestori di creare rendimenti eccezionali* per un certo periodo di tempo.

Lo sapevi, ad esempio, che in America il 96% dei gestori non riesce a produrre rendimenti superiori alla media del mercato sottostante su un lungo periodo? Anche in Italia le cose non vanno diversamente, come gli studi di Mediobanca non fanno altro che confermare, anno dopo anno. Perché la performance dipende dalla fortuna? È davvero semplice.

La vincita di una lotteria non permette di affermare che il giocatore d'azzardo ha scoperto come fare soldi. Semplicemente è stato fortunato, ma se attribuisce il successo alla propria abilità invece di riconoscere il ruolo della fortuna, andrà incontro alla disfatta.

In altre professioni non è così: la medicina è un caso esemplare di professione ad impatto zero del fattore fortuna. O sai quello che fai o non riesci, "per caso", a indovinare la cura che guarirà un paziente malato.

I gestori dei fondi sono giocatori di azzardo che si credono medici. Non dispongono di un sistema organico per investire, e preferiscono affidarsi alla loro "abilità".

Così, quando sbagliano o quando guadagnano, non sono in grado di determinare che cosa ha prodotto quel risultato. Ecco perché la gestione professionale fa fiasco, perché i risultati ottenuti sono per lo più frutto del caso, o di un sistema di gestione imperfetto e basato sulla presunzione di prevedere ciò che capiterà ai mercati.

Inoltre sotto la loro scrivania, c'è una grande boccia di ferro legata alla caviglia destra. Una "palla al piede" che ne impedisce l'agilità e che contribuisce a fare dei fondi comuni un prodotto scadente i cui rendimenti sono discontinui nel corso del tempo. I costi che gravano su questi prodotti sono una zavorra che difficilmente il gestore riuscirà a superare.

A dicembre 2015 il patrimonio dei fondi italiani ha toccato un nuovo massimo pari a 1.834 mld di euro, una cifra impressionante cui si è giunti nel corso degli anni. Ma come mai un prodotto "scadente" non si è ancora estinto, come sarebbe logico attendersi? La ragione è semplice: grazie alla **forza commerciale e persuasiva** dei consulenti bancari.

I fondi comuni di investimento hanno rappresentato una svolta per l'investitore italiano, grazie alla possibilità di diversificare i propri impieghi all'estero. A rendere questi prodotti scadenti sono i costi elevati, che si giustificano con la gestione professionale del risparmio fatta da soggetti che fanno regolarmente peggio dei mercati in cui investono.

La soluzione ideale consisterebbe nel "depurare" i fondi dalla costosa ed inefficace gestione professionale, comprando solo il servizio di diversificazione del portafoglio.

Le baite della Val di Susa, le abitazioni che si abbarbicano lungo le montagne che abbracciano la valle, sono sicure. È bastato rimuovere l'amianto per sanarle. Allo stesso modo a te basterà smaltire i costi e i servizi inutili dei fondi per mettere il turbo ai rendimenti che otterrai.

Per tua (e mia) fortuna a partire dall'autunno del 2002 è possibile sottoscrivere fondi di investimento privi della gestione professionale del risparmio, che costano circa un decimo dei prodotti tradizionali. Parleremo di loro nel prossimo capitolo.

Ora ci tocca un compito ingrato, ma è un lavoro che prima o poi dovrai fare: prendere atto delle sacche di inefficienza che ci sono nel tuo attuale portafoglio.

Se in questo momento non hai nessun fondo di investimento ma disponi di una somma liquida pronta per essere investita, salta pure al Capitolo 7, dove imparerai come usare i veicoli di investimento passivi all'interno della strategia che delineeremo insieme.

Se, invece, hai già investito in fondi, fai un bel sospiro. So che non è un lavoro piacevole, ma va fatto.

È tempo di rimuovere le metastasi per riprendere le performance perdute a parità di assetto attuale.

La Parcella Occulta

Proprio non ce la faceva a stare ferma. Erano anni che Lucia soffriva di un disturbo che le impediva di svolgere una vita sociale attiva, ma si era sempre vergognata a parlarne. Trattandosi poi di una patologia piuttosto rara, aveva scoperto in un sito internet che un solo esperto avrebbe potuto aiutarla.

Aveva preso il treno, il taxi e fatto un tratto a piedi, ma ora Lucia era seduta nella elegante sala di attesa del dott. Garavini. A tratti cercava di leggere le riviste appoggiate sul tavolino al centro della sala, poi le gettava nervosamente sulla poltroncina a lato e si alzava in piedi.

Nella sua mente due pensieri si arrotolavano come un turbine:

- "Garavini guarirà la mia patologia?"

- "a quanto ammonterà la parcella di questo dottore, famoso in tutta la Penisola?"

La visita durò poco. Garavini riconobbe subito la patologia, prescrisse due farmaci reperibili nella farmacia lì vicino, e salutò la paziente. "Come era possibile che uno stimato dottore non prendesse nulla per la sua visita?", pensava Lucia mentre aspettava il treno. La cosa ancora più strana era l'elevato costo della cura prescritta, a base di farmaci reperibili in una sola farmacia, di proprietà della figlia del dott. Garavini.

"Che astuto, mormorò tra sé e sé Lucia", riflettendo sul fatto che si era trovata di fronte ad una parcella occulta. Il dottore non aveva fatto formalmente nessun addebito per la visita effettuata, ma poi aveva inglobato il suo onorario all'interno della pomata che avrebbe curato la fastidiosa patologia.

I pazienti di Garavini pagavano profumatamente le parcelle al dottore in modo indiretto, attraverso i prodotti che il medico prescriveva loro. Lucia guarì dalla sua patologia, ma imparò una lezione fondamentale che le permise di scovare un sacco di costi occulti all'interno del suo portafoglio finanziario.

Quella che le banche chiamano consulenza, in realtà è la vendita di prodotti di investimento con costi occulti che, come un tarlo, rosicchiano il tuo capitale addebitando molto di più di quella che sarebbe una parcella onesta per il servizio ottenuto.

Per determinare la parcella occulta bisogna, anzitutto, esaminare i costi che gravano su chi, come te, ha investito in fondi comuni di investimento.

Gli oneri cui i fondi sono soggetti sono di due tipi:

- le commissioni *"visibili"* direttamente a carico dell'investitore;

- le commissioni *"invisibili"* a carico del fondo ed indirettamente pagate dall'investitore.

Tra i costi del primo tipo rientrano le commissioni di ingresso e quelle di uscita, che vanno a ridurre, rispettivamente, il capitale che effettivamente sarà fatto fruttare, o quello che incasserai al momento del disinvestimento.

I costi di gestione, invece, appartengono al secondo tipo. Sono oneri che sono addebitati direttamente al fondo attraverso la riduzione inconsapevole del valore della quota. In questo modo hai l'impressione di non pagare nulla, a parte la commissione di ingresso al momento dell'investimento o di uscita al momento del rimborso, mentre in realtà stai regalando soldi alla società che gestisce il fondo ed alla banca che lo vende.

Immaginiamo, ad esempio, che il mercato in cui investe il fondo "Arraffan" sia cresciuto nel corso dell'anno del 10%. Roberto Freghis, gestore del fondo, ha ottenuto la medesima performance del mercato, grazie a una buona diversificazione del portafoglio, ma sul fondo Arraffan gravano costi di gestione pari al 2%.

Il guadagno netto che otterrai, dal quale occorre poi sottrarre le tasse, sarà pari all'8% l'anno. "Comunque un ottimo risultato", dirai tu. Ma se le performance dovessero ripetersi per dieci anni di seguito, il tuo rendimento ammonterebbe, in totale, al 215,89% contro un mercato che ha guadagnato il 259,37%. In parole povere ti troveresti con un guadagno inferiore del 43,48% rispetto a ciò che ha reso il mercato.

Il dott. Freghis dovrebbe essere così bravo da creare un extra-rendimento di almeno il 2% l'anno, affinché la performance del fondo Arraffan equivalga quello del mercato sottostante.

Le commissioni di gestione sono un costo occulto che ti trovi a pagare sui fondi in cui hai investito. Sebbene esso non sia riconoscibile c'è, ed è l'origine della scarsa performance dei prodotti gestiti nel tempo.

Per calcolare la parcella occulta del tuo portafoglio devi informarti su quale sia l'ISC (Indice Sintetico di Costo) di tutti i fondi che hai in portafoglio. Puoi ottenere la stessa informazione cercando il TER (Total Expense Ratio): si tratta dello stesso dato chiamato con un altro nome.

Se la tua banca non ti dice quali siano i costi dei fondi che ti ha venduto puoi usare siti di informazione indipendente come Morningstar.it. Cerca il tuo fondo all'interno del sito usando il codice ISIN. Troverai il costo nella schermata generale del fondo.

Applica il costo annuo percentuale sul controvalore di ogni prodotto che hai in portafoglio, fai la somma e avrai la cifra che regali ogni anno alla tua banca.

ISC (o TER) non equivalgono alle commissioni di gestione. Queste ultime sono più basse, perché non comprendono alcuni costi fissi che invece rientrano nell'ISC. Ecco perché è così importante che tu conosca questo indicatore.

L'esempio che segue ti mostra come calcolare la parcella occulta di un portafoglio di fondi:

- Fondo Arraffan, quote detenute 3.500, valore corrente della quota 10 €, ISC 2,20%;

- Fondo Global Magnus, quote detenute 5.000, valore corrente della quota 5,55€, ISC 1,85%;

- Fondo Money Distroyer, quote detenute 6.874, valore corrente della quota 12,21 €, ISC 2,25%.

Il costo annuo è la percentuale che viene prelevata sul patrimonio del fondo ogni 12 mesi in base al valore di mercato dello stesso. Per prima cosa, quindi, calcoliamo il controvalore corrente dei tre prodotti:

- Fondo Arraffan: € 35.000,00 pari a 3.500 x 10

- Fondo Global Magnus: € 27.750,00 pari a 5.000 x 5,55

- Fondo Money Distroyer: € 83.931,54 pari a 6.874 x 12,21

Applichiamo ora, per ognuno di questi valori, la percentuale ISC:

- Fondo Arraffan: 2,20% di € 35.000,00

- Fondo Global Magnus: 1,85% di € 27.750,00

- Fondo Money Distroyer: 2,25% di € 83.931,54

Per il prossimo anno pagheremo alla banca una parcella occulta pari a € 3.171,83. Questo valore è la minore performance che il tuo portafoglio avrà rispetto all'andamento dei mercati sottostanti in cui i fondi stessi investono.

Nel prossimo capitolo vedremo come fare per abbattere la parcella occulta ed aumentare i rendimenti dei tuoi investimenti senza cambiare l'assetto del tuo portafoglio.

Case History: analisi del fondo Franklin Global Fundamental Strategies Fund A (acc) EUR.

Esaminiamo in concreto il fondo di investimento Franklin Global Fundamental Strategies Fund A (acc) EUR (ISIN LU0316494805).

Si tratta di un fondo effettivamente detenuto da un corsista di A Scuola di Investimenti, il mio corso digitale che ti darà un metodo completo per investire, che ora esamineremo insieme.

Il fondo in questione è un prodotto bilanciato che investirà sia in azioni sia in obbligazioni di tutto il mondo, a seconda delle aspettative del gestore. Il mercato di riferimento del fondo è rappresentato per il 50% da un indice obbligazionario globale e per il 50% da un indice azionario internazionale.

Logico attendersi, dunque, che il gestore sia in grado di generare un rendimento maggiore di quello offerto da un portafoglio di confronto, rappresentato per la metà da azioni e per il restante 50% da obbligazioni, entrambe mondiali.

Definiamo "benchmark" il parametro oggettivo di riferimento che rappresenta l'andamento del mercato - o dei mercati, in questo caso, in cui un certo fondo investe.

Ecco i dati di rendimento passati del fondo Franklin Global Fundamental Strategies confrontati con il benchmark:

Rendimento	2012	2013	2014	2015	2016	2017	2018	2019	2020
Fondo	14,34%	12,78%	11,43%	4,90%	10,40%	-3,83%	-5,48%	14,14%	-16,15%
Benchmark	8,98%	5,88%	20,09%	11,20%	8,95%	-0,39%	0,60%	20,32%	-15,26%
Differenza	5,36%	6,90%	-8,66%	-6,30%	1,45%	-3,44%	-6,08%	-6,18%	-0,89%

Su nove anni il fondo ha battuto il suo benchmark solo tre volte, facendo peggio del mercato in cui investe per le altre cinque volte. Inoltre il benchamrk è stato cambiato rispetto alla prima edizione di questo libro per rendere il confronto più favorevole all'emittente. Hai idea di cosa questo significhi per te?

- 100 € investiti nel fondo ad inizio 2012 sarebbero diventati 144,77 € a fine 2020, senza tenere conto dei costi di ingresso, pari al 5,75% della somma versata;

- 100 € investiti nel benchmark, ossia nel portafoglio sottostante formato per la metà da obbligazioni globali e per la metà da azioni globali, sarebbero diventati 171,52 €. Una bella differenza, non credi?

L'ISC del fondo è dell'1,84%, una quota molto alta se consideri che ormai ci muoviamo in un ambiente caratterizzato da tassi di interesse molto bassi, ma non è tutto.

Gli indicatori di efficienza dicono espressamente che:

- il fondo è troppo volatile e non è stato in grado di ripagare questa maggiore volatilità generando un extra rendimento;

- il gestore non ha saputo selezionare correttamente i titoli in cui - investire;

- il rendimento del fondo delude perché i costi sono elevati.

Se hai questo fondo ti basterebbe venderlo subito ed investire nell'indice composto sottostante per migliorare le tue performance.

La domanda cui dovremo rispondere ora è: *"Come faccio ad investire nel portafoglio di mercato che replica l'indice a costi bassissimi invece di cercare di fare meglio dello stesso con costi alti?"*.

4

K.I.S.S.

Milton Erickson sosteneva che solo se sei in grado di spiegare un concetto in modo comprensibile persino per un bambino di sei anni, hai comunicato in modo corretto. È per questo che i grandi comunicatori hanno l'abilità di tradurre in modo semplice argomenti molto complessi.

Purtroppo la tua banca non si muove in questa direzione, anzi. Invece di applicare il motto *Keep It Simple Stupid*, complica notevolmente la comunicazione con te, affinché tu non capisca nulla e ti auto-illuda che è necessario essere degli esperti per investire i propri risparmi in modo consapevole, semplice e indipendente. In fondo meno ne capisci più avverti la necessità di affidarti a qualcuno, non è forse così?

L'avvocato Nero, che hai incontrato nel Capitolo 1, è stato accolto dal suo consulente con una gioviale stretta di mano cui è seguita una sfilza di termini incomprensibili. La complessità dei prodotti finanziari, insieme con la spiegazione del funzionamento degli stessi, è parte integrante di una strategia precisa che la tua banca usa per proporti prodotti finanziari standardizzati, complicati, ad altissimo costo e bassa redditività.

Ricorda che in finanza esistono due regole fondamentali, sempre valide e universalmente accettate. La prima di esse dice che ciò che per te è un costo per la banca è un ricavo. Ecco spiegata la ragione per cui i prodotti proposti sono sempre strumenti finanziari ad alto costo.

I rendimenti che otterrai investendo i tuoi capitali sono sempre incerti; gli oneri che paghi per investire, invece, sono sicuri e azzoppano il tuo capitale fin dai primi passi.

La seconda regola, derivante dallo studio delle performance passate di migliaia di fondi di investimento, afferma che tanto più un prodotto è costoso tanto meno esso è redditizio. La regola del *"più spendi meno spendi"* in finanza non è valida.

A guadagnare di più sono quegli investitori che:

- usano prodotti efficienti a basso costo, in grado di replicare l'andamento di un certo mercato;

- movimentano poco il proprio portafoglio;

- usano, in aggiunta e solo per ottimizzare le performance, un sistema di ingresso/uscita.

Il primo passo che faremo per rendere semplice (e divertente) il processo di investimento, sarà quello di entrare nella sala operativa di un fondo comune per comprendere come mai cervelloni pluri-laureati non riescono a generare rendimenti superiori a quelli dei mercati in cui investono, al netto dei costi.

Per raggiungere questo obiettivo dobbiamo tornare indietro nel tempo, quando ancora ero un bancario alle prese con un mondo che non sapevo essere pieno di insidie.

Il segreto dei gestori che mancano il bersaglio

Avevo appena appoggiato la mia nuova borsa di pelle a lato della scrivania. Non mi pareva vero di essere nella sala operativa di una società che gestiva fondi comuni. Al centro della grande stanza c'era un unico grande tavolo rettangolare in legno chiaro, attorno al quale erano sedute dodici persone. Ognuna di esse aveva davanti a sé un monitor sul quale scorrevano continuamente dati e grafici finanziari. Erano i gestori dei 26 fondi che la società vendeva attraverso la rete commerciale della banca.

Massimo, l'amministratore delegato, aveva appena convocato una riunione per quella stessa mattina. Era un'afosa giornata di luglio, ma la temperatura stava per alzarsi ancora di più in quell'elegante grattacielo della City milanese.

"Chi cavolo ha comprato le obbligazioni Nav Friends", urlava Massimo ai gestori che lo guardavano atterriti, seduti attorno al tavolo della sala attigua pomposamente chiamata "comitato investimenti".

"Quel bond ha guadagnato il 3% da quando l'ho comprato", disse timidamente Oscar, gestore del fondo Earthquake Bonds. *"Non me ne frega un caxxo!! Quante volte devo ripetervi che dovete solo comprare titoli emessi da società note al grande pubblico? Se le cose vanno male perché avete investito in obbligazioni Generali nessuno potrà dire nulla, ma se compriamo ottimi bond che nessun altro gestore ha, diventiamo attaccabili."*

Questo ragionamento mi lasciò molto perplesso. Sapevo che ogni fondo di investimento ha un **benchmark**, rappresentato dall'indice – o dagli indici – che sintetizzano l'andamento del mercato in cui il gestore investe. Sapevo anche che 9 gestori su 10 non riescono a battere il benchmark nel lungo andare, generando performance inferiori a quelle dei mercati dove operano, ma non capivo perché i gestori non potessero nemmeno provare a vincere la battaglia.

Poche ore dopo, comodamente seduti al tavolo di un ristorante vicino a piazza Duomo, affrontai apertamente Massimo e gli posi la domanda cruciale: "come è possibile che all'industria del risparmio gestito non interessi generare valore per i clienti? In fondo Oscar si è laureato con il massimo dei voti alla Bocconi, ha un Master ad Harvard e cinque anni di esperienza. Non sarebbe meglio lasciarlo lavorare in pace?"

"Vedi, nel mondo reale quello che guida le imprese è la ricerca e lo sviluppo di nuovi prodotti. Funziona così ovunque: nel settore automobilistico, in quello alimentare ed informatico. Ma nella finanza le cose vanno diversamente.

Le banche hanno creato una sorta di oligopolio, per cui i gestori non devono spremersi le meningi per riuscire a generare rendimenti elevati per i clienti. A loro basta offrire risultati abbastanza vicini a ciò che fanno tutti gli altri, in modo di avere un alibi se le cose vanno male" disse Massimo, che proseguì il suo scioccante racconto dopo aver bevuto una golata di vino rosso.

"*Per ottenere performance superiori alla concorrenza dovremmo fare operazioni ben studiate, o elaborare nuovi sistemi per investire, ma nessuno ha interesse a che lo facciamo.* In fondo il mercato dei fondi è in mano alle banche, che hanno una forza commerciale enorme. La gente si fida della propria banca e se non lo fa e la cambia, otterrà più o meno gli stessi rendimenti che otteneva prima.

Nessun gestore vuole correre il rischio di offrire rendimenti troppo distanti dalla media, perché se lo scostamento è negativo perderà la raccolta e i clienti. Se sta nella media il cliente sa che se cambia gestore avrà il medesimo risultato.

Per evitare di sbagliare dobbiamo investire tutti negli stessi titoli, evitando ottimi bond dal risultato incerto. Per questo ho fatto una sfuriata ad Oscar, questa mattina. So che lui ha fatto buoni affari con le Nav Friends al 5%, ma questo tipo di operazioni sui fondi non si fanno."

Ma se i gestori non vogliono battere i propri benchmark perché potrebbero temporaneamente generare rendimenti distanti dalla media dei propri competitors, cosa accade? Che in capo ai fondi non c'è nessun sistema di regole in grado di fare i reali interessi dei clienti.

Quando un mercato è ai massimi la tua banca ti proporrà di investirvi vendendoti in modo occulto i rendimenti passati del fondo relativo. A monte non c'è nessun meccanismo di protezione, perché i gestori copiano il benchmark e si adattano a ciò che fa la concorrenza. In altri termini, quello che sto cercando di dirti è che il conformismo finanziario aiuta le banche a mantenere i capitali in gestione e a incassare le commissioni dai clienti. Questi ultimi, tuttavia, ottengono rendimenti modesti e falcidiati dai costi.

Ma tutto questo sta per cambiare, mano a mano che acquisirai nuovi strumenti, nuove tecniche ed un modo innovativo di pensare agli investimenti.

Ristrutturiamo insieme il tuo portafoglio

Quella che segue è la testimonianza del Signor Tullio, di Sassari, che ha partecipato alla prima edizione del corso interattivo Investitore Libero, nel lontano 2015.

Dal 2019 i contenuti sono stati ampliati, rimodernati e aggiornati. Oggi sono disponibili nella versione "Personal" di A Scuola di Investimenti, che trovi sul sito segretibancari.com.

"Ho il piacere di dirle che mettendo in pratica i suoi consigli, uscire con l'indice fondamentale, ma controllare fino a che un ETF continua a salire sono riuscito a vendere ai massimi poco prima della brexit l'euro stoxx 600 che avevo a suo tempo acquistato e ricomprarlo subito dopo a molto minor prezzo e rivenderlo appena passata l'onda emozionale realizzando un utile di € 3.403 con un investimento di € 50.000. Grazie.

Cordiali saluti "

Tullio Mura

Anche tu puoi centrare il bersaglio e ottenere rendimenti più elevati dai tuoi investimenti abbattendo i costi e riducendo i rischi. Devi solo seguire due semplici passi:

- individuare i fondi inefficienti in cui hai investito e sostituirli con veicoli di investimento a basso costo;

- dotarti di un sistema completo per investire, che ti permetta di riprogettare da zero il tuo portafoglio in modo personalizzato, flessibile e dinamico minimizzando i costi.

I veicoli di investimento efficienti

Fino al 2002 l'unico modo per investire in modo davvero diversificato il tuo portafoglio consisteva nel sottoscrivere quote di fondi comuni di investimento. Sebbene i costi di questi prodotti fossero elevati e sebbene nel prezzo fosse compreso un servizio del tutto inutile, non avevi alternative.

Non te la prendere, dunque, se ora hai il portafoglio pieno di prodotti molto costosi. Non è colpa tua, ma dell'insistenza e della capacità manipolativa di chi te li ha venduti, se li hai sottoscritti in tempi recenti.

Se, invece, i tuoi investimenti attuali sono stati fatti prima del mese di settembre 2002, la questione è ancora più semplice: fino a quel momento non avevi alternative. Ma cosa accadde nel lontano 2002, e come mai nessuno ne sa nulla, se si tratta di una svolta epocale per l'investitore italiano?

Avevo sentito parlare degli ETF già nel 1999 quando lavoravo al Private Banking della prima banca con cui collaborai. Si trattava di prodotti nuovi, che in Italia non erano disponibili. Il loro "arrivo" sarebbe giunto solo tre anni più tardi, ma avrebbe cambiato per sempre il tuo modo di investire, rendendoti libero dai fondi di tipo tradizionale.

Gli Exchange Traded Funds, noti con la sigla ETF, sono fondi di investimento passivi, scambiati in borsa come se fossero azioni, che ti offrono la possibilità di investire in modo diversificato il tuo portafoglio in cambio di un costo ridicolo.

Ricordi quello che ti ho detto nel Capitolo 3? Se scegli di sottoscrivere un fondo di investimento, di fatto, compri due servizi: la *diversificazione di portafoglio e la gestione professionale del risparmio.*

Grazie agli ETF puoi escludere la costosa e inefficace gestione e comprare solo un portafoglio di strumenti finanziari che segue banalmente un indice finanziario. Con gli ETF puoi costruire in modo semplice un portafoglio efficiente, che avrà la medesima composizione di quello attuale, ma con costi minori e guadagni più alti a parità di rischio.

Ma entriamo ora più nel dettaglio di che cosa sono gli indici finanziari e di come gli ETF li replichino ottenendo risultati migliori dei fondi.

Gli indici finanziari: da notizia della sera a veicolo di investimento

"L'indice Comit ha guadagnato il 2% nella giornata di oggi". Mi sembra ancora di sentire la voce di **Everardo Dalla Noce** dare la notizia della chiusura dell'indice della borsa italiana. Sono passati molti anni da allora, ma gli indici finanziari – siano essi azionari od obbligazionari – continuano a svolgere il loro ruolo di indicatori dell'andamento del mercato.

Gli indici finanziari sono numeri che riassumono l'andamento di un mercato finanziario "sottostante". Quando essi crescono significa che le quotazioni di mercato stanno salendo, quando essi scendono significa che le quotazioni di mercato stanno perdendo.

Gli indici finanziari vengono costruiti partendo da un certo numero di titoli che li compongono e che cambieranno nel tempo secondo regole predefinite, che ne regolano l'ingresso e l'uscita.

Se, ad esempio, un'obbligazione ha una vita residua di 11 mesi in un certo momento, essa non potrà più fare parte di un indice obbligazionario composto da bond con vita residua compresa tra i 12 ed i 60 mesi, per cui andrà sostituita.

Il processo di creazione e di manutenzione di un indice finanziario è un procedimento complesso che a te, in quanto investitore, non interessa. È importante sapere, invece, che dietro al numero rappresentato dall'indice si "nascondono" veri e propri titoli: interi portafogli finanziari.

Un indice finanziario è quindi un paniere – o portafoglio – titoli ben diversificato che misura l'andamento di un certo mercato. Grazie a questa caratteristica gli indici sono anche il parametro di confronto per valutare la bontà della gestione professionale del risparmio, diventando *benchmark* per i fondi comuni di investimento.

> **Grazie agli ETF gli stessi indici diventano anche veicoli di investimento, perché puoi acquistare tutti gli strumenti che formano l'indice senza per questo dover pagare un gestore che cerca di fare meglio del mercato stesso senza riuscirci in modo continuativo.**

Le garanzie offerte dagli ETF

La prima obiezione che sento ripetere spesso è che *gli ETF non offrono la stessa sicurezza dei fondi di investimento tradizionali.* Si tratta di una bufala colossale, fatta circolare dagli stessi bancari e consulenti che temono gli Exchange Traded Funds come un bambino teme la varicella.

Questi prodotti, infatti, sono in grado di fare a pezzi il monopolio dei fondi di investimento che per decenni ha trasferito la ricchezza dalle tasche degli italiani a quelle del sistema bancario che li vende.

Gli ETF sono a tutti gli effetti fondi di investimento, e godono pertanto delle stesse garanzie di separatezza patrimoniale del capitale del fondo, ma non sono gestiti.

In pratica il gestore di un ETF è un programma elettronico che fa comprare al fondo stesso tutti i titoli che compongono l'indice che il prodotto andrà a replicare, nelle stesse proporzioni con cui gli stessi sono presenti nell'indice medesimo.

La tua banca mente sugli ETF!

Vediamo insieme, allora, quali sono le cinque principali bugie che circolano sugli ETF e perché le stesse non sono vere. Questo aumenterà subito il tuo livello di consapevolezza e ti permetterà di ribattere alle obiezioni che il consulente ti farà. Con l'ovvio obiettivo di proporti i fondi di investimento più redditizi per lui.

Bugia # 1 – gli ETF possono fallire

Per evitare che tu scelga di investire in ETF le banche dicono che essi possono fallire bruciando il tuo capitale. FALSO. Investire in ETF equivale a mettere i tuoi soldi in fondi comuni di investimento con la sola differenza che il costo che paghi è circa il 10% di quello che la banca ti addebita sui "suoi" prodotti.

Se la tua banca ti dice che gli ETF possono fallire, chiedile come mai i fondi che ti propone sono esenti da questo rischio. Investire in ETF non comporta nessun rischio di fallimento, perché come per i fondi comuni tradizionali il loro patrimonio è autonomo e separato da quello della società che li gestisce e quindi non è "aggredibile" da nessuno.

Se anche la modalità di replica dell'indice sottostante è **sintetica**, ossia viene realizzata a mezzo di un prodotto derivato, non hai motivo di allarmarti.

A fronte degli obblighi assunti, la controparte che emette il derivato comprato dall'ETF dovrà fornire apposite garanzie sotto forma di "*paniere sostitutivo*" o di "*collaterale*".

Il fatto poi che nessun ETF sia fallito, nemmeno durante la terribile tempesta finanziaria del 2008, è la prova che il prodotto tiene ed è un valido alleato per chi vuole investire in modo consapevole, redditizio, semplice ed indipendente.

Bugia # 2 – gli ETF non seguono perfettamente gli indici sottostanti

Investire in ETF significa seguire pari pari, in scala 1:1, l'andamento del mercato sottostante. Quando ciò non avviene è perché:

- l'ETF paga un dividendo mentre l'indice no. In questo caso in occasione dello stacco del dividendo la quotazione dell'ETF si allontanerà da quella dell'indice. Ma se consideri le somme incassate sul conto sotto forma di dividendo, ti accorgerai subito che l'ETF e l'indice hanno lo stesso andamento;

- il confronto fatto non è omogeneo. Alcuni siti, come Morningstar.it, confrontano un ETF che replica l'indice X con l'andamento di un indice Y. Per forza che le performance sono diverse: si tratta di due cose differenti.

Esiste poi un meccanismo, detto di **arbitraggio**, che fa in modo che il valore dell'ETF sia sempre "aderente" a quello dell'indice sottostante.

Se così non fosse si aprirebbero delle opportunità di profitto senza rischio, che gli "*arbitraggisti*" sfrutterebbero subito a proprio vantaggio.

Lo ripeto: investire in ETF significa replicare il più fedelmente possibile l'andamento di un indice. I fondi comuni di investimento, invece, hanno quasi sempre performance inferiori a quelle dei mercati in cui investono.

Ciò accade a causa della paura dei gestori di differenziarsi dai concorrenti e per effetto delle elevate commissioni di gestione non recuperabili in mercati altamente competitivi.

Bugia # 3 – gli ETF scambiano poco

Non confondere il volume scambiato con la liquidità del prodotto. Investire in ETF significa fare un investimento "liquido", nel senso che grazie alla presenza di uno specialista – si chiama proprio così – è assicurata la presenza di una grossa controparte in acquisto e in vendita in ogni momento.

Naturalmente dovrai selezionare con cura gli ETF in cui investi al fine di massimizzare la facilità di smobilizzo dello stesso.

Bugia # 4 – gli ETF sono fiscalmente inefficienti

In parte è vero, perché le perdite pregresse che hai accumulato con gli ETF non possono essere compensate con guadagni successivi. Questo, però, è un difetto che riguarda anche i fondi di investimento tradizionali che la tua banca ti offre. Il fatto che il legislatore non colmi questa lacuna la dice lunga sull'odio che l'establishment ha verso questi nuovi strumenti finanziari, nati negli Usa negli anni '90.

Bugia # 5 – gli ETF non proteggono dai ribassi

Nemmeno i fondi lo fanno. Altrimenti non si spiegherebbe come mai i fondi high tech venduti dalle banche nei primi anni 2000 siano riusciti a perdere il 70% del loro valore. Durante i ribassi i fondi tradizionali di solito perdono un po' meno del mercato grazie al fatto che i gestori detengono una quota del portafoglio sempre liquida, detta *cash drag*, per fare fronte alle domande di rimborso. Se ad essere investito è, ad esempio, il 95% del totale del fondo mentre il restante 5% è impiegato in liquidità, è evidente che in caso di ribasso del mercato sarà solo il 95% a perdere e non il 100%. Gli ETF, invece, sono sempre investiti, per cui in caso di ribasso non offrono una protezione intrinseca.

Ma, se usati all'interno di un sistema di regole per investire ben definite e strutturate, non avrai nessun tipo di problema.

Dove si comprano gli ETF e quanto costano

Investire in ETF è semplice e conveniente. Essi sono scambiati in borsa come se fossero azioni e possono essere comprati presso qualsiasi banca o Sim con costi minimi. Ecco, a titolo di esempio, le differenze tra i costi di un fondo a gestione attiva ed un ETF che investe nello stesso mercato:

Fondo	Costo di Ingresso	Costo di uscita	ISC annuo
Fidelity Fnds - International Fund A-Acc	5,25%	0,00%	1,90%
iShares Core MSCI World UCITS ETF	Max 0,70%	Max 0,70%	0,20%

Come vedi il solo ISC dell'ETF Ishares è pari ad un decimo circa del fondo Fidelity a gestione attiva, senza contare che il secondo ti costa il 5,25% di tagliola di ingresso.

Comprare e vendere gli ETF costa come negoziare una qualsiasi azione quotata presso la borsa italiana; la commissione oscilla da un minimo dello 0,20% ad un massimo dello 0,70% a seconda della banca.

Puoi trovare tutti gli ETF disponibili sul mercato andando sul sito di borsaitaliana.it.

> **Il primo step per diventare un investitore libero consiste nell'individuare i fondi inefficienti che hai in portafoglio, scoprire qual è il loro benchmark, venderli subito per investire in ETF che replichino lo stesso indice che il fondo non riesce a battere.**

Case history: come Francesco ha ritrovato la performance perduta

Francesco Sanna si fidava del suo consulente. Aveva investito nei fondi a cinque stelle che lo stesso gli proponeva, ma immancabilmente qualche cosa non gli tornava. Quando entrava lui, il più delle volte, il mercato scendeva, e quelle rare volte in cui le cose andavano meglio i suoi soldi erano sempre gli stessi nonostante l'apparire dei primi capelli grigi testimoniava il passaggio inesorabile del tempo.

Quando scoprì il corso interattivo Investitore Libero, oggi Personal di A Scuola di Investimenti, si affrettò ad iscriversi.

Dedicò del tempo allo studio e alla formazione, guardando e riguardano ogni singolo video che compone il percorso. E mano a mano che procedeva provava due sensazioni contrastanti. Da un lato la rabbia per aver gettato nelle tasche del suo consulente più di 4.000 € l'anno in costi e commissioni inutili. Dall'altro la sensazione di libertà per avere ora in mano tutti gli strumenti per la gestione del suo capitale in modo autonomo.

Ci sentiamo periodicamente, Francesco ed io, e tutte le volte non manca mai di ringraziarmi. È rimasto così colpito dalla potenza degli insegnamenti di A Scuola di Investimenti che ne parla con tutti. Se stai pensando che i gestori abbiamo degli strumenti di analisi che a te mancano e che gli ETF siano una soluzione "troppo semplice" per investire, aspetta di leggere la storia di Bachelier, che conosceremo nel prossimo capitolo.

5

Smettila di credere alle favole!

Negli anni '90, prima di lavorare in banca, ero convinto che fosse possibile *prevedere* il futuro andamento dei mercati finanziari. Oggi sappiamo che non è così, ma la mia idea era coerente con la situazione dei mercati in quell'epoca. La borsa del passato era un luogo fisico, che si comportava come i mercati rionali in cui è possibile comprare frutta e verdura di stagione.

Sebbene in Italia ci fossero dieci diverse Borse (una per ognuna delle principali città), quella più importante era la piazza milanese. Tutti gli operatori che operavano in una certa "borsa" si conoscevano di persona lavorando gomito a gomito nel salone delle "grida".

Alan Friedman nel suo bel libro *"Ce la farà il capitalismo italiano?"* descrive molto bene il mercato finanziario del Belpaese sul finire dei mitici "anni '80": piccolo, provinciale e "manipolato".

Ti dirò di più. Era proprio per fare parte di quell'élite di esperti che riescono a guadagnare grazie a informazioni e notizie di prima mano che scelsi di lavorare presso il Private Banking di un importante gruppo bancario. Volevo essere uno di loro. Volevo imparare i trucchi per fare crescere il denaro mio e quello della mia famiglia.

Gli anni 2000 furono spettacolari per due motivi: per l'ascesa incredibile delle quotazioni delle azioni e dei bond, e per il crollo dell'illusione secondo cui gli esperti sono in grado di prevedere il futuro dei mercati.

Leggendo *"A Random Walk Down Wall Street"* di Burton G. Malkiel, abbracciai l'ipotesi secondo cui è impossibile prevedere il futuro andamento delle variabili finanziarie. Se così è, la cosa migliore da fare consiste nel definire un "budget di rischio" e costruire un portafoglio di investimento basandosi solamente sulla massima perdita accettabile. Cercare di "fare meglio" del mercato, quanto meno scansando le rovinose cadute, è quasi impossibile.

La gestione di un portafoglio di investimenti deve basarsi su due aspetti: la strategia e la tattica. La prima tiene conto dei tuoi obiettivi di investimento di lungo periodo e della tua tolleranza ai rischi. Al contrario, la seconda cerca di ottimizzare la prima, aggiungendo quel qualcosa in più.

Ma vediamo ora le "ere" in cui si è sviluppato il tema della prevedibilità dei mercati.

La Prima Era dei mercati finanziari: l'imprevedibilità

Louis Bachelier proveniva da una famiglia di commercianti e, credo, passava molto tempo in bottega. Fu forse la sua straordinaria capacità "a far di conto" che gli permise, grazie alla laurea in matematica, di abbozzare delle scoperte rivoluzionarie che sarebbero state poi attribuite ad altri scienziati molti anni dopo.

Nella sua tesi, *"Teoria della speculazione"*, Bachelier ipotizzava che non fosse possibile prevedere il futuro andamento dei mercati finanziari. Le sue teorie furono poi riprese dai fautori della **"Random Walk"**, ossia della "passeggiata casuale", secondo cui è impossibile prevedere ciò che capiterà in futuro sui mercati, perché i prezzi in un certo momento incorporano tutta l'informazione disponibile. A muovere le quotazioni saranno quindi, per definizione, solo le nuove notizie che, essendo imprevedibili, non possono essere sfruttate per generare profitti.

Secondo questa scuola di pensiero a determinare la composizione del proprio portafoglio dovrebbero essere esclusivamente variabili esterne rispetto al mercato stesso: i flussi finanziari degli investitori (reddito, consumo, capacità di risparmio), il loro *orizzonte temporale* (tra quanto gli investitori avranno necessità di rientrare delle somme investite) e la *tolleranza al rischio* (quanto sono disposti a perdere nel caso in cui le cose non andassero nella direzione originariamente prevista).

Questo modo di procedere è stato strumentalizzato dal marketing delle società di gestione per giustificare la necessità di essere sempre investiti sui mercati finanziari ad alto costo, prescindendo dalla loro evoluzione.

La Seconda Era dei mercati finanziari: gli esperti che sanno tutto

Elaine Garzarelli è diventata famosa nel giro di pochissimo tempo. Grazie alla sua previsione del crollo del mercato azionario Usa nel 1987 il suo volto appariva sempre più spesso sui giornali e sugli schermi delle trasmissioni specializzate. Sacerdotessa di un fantomatico ribasso, la Garzarelli perse il suo fascino quando convinse i suoi clienti a tenere le loro disponibilità ferme sul conto in attesa di un imminente crollo del mercato, non verificatosi.

Abby J. Cohen, strategist di Goldman Sachs, fu la vera "guru" del 2000. La sua convinzione era che il mercato azionario Usa sarebbe salito ancora nel corso degli anni, ma il crollo del biennio 2001-2002 dimostrò quanto avesse torto. Da allora ha perso gran parte del suo carisma.

Alcuni gestori ed esperti di finanza ti vorranno far credere che sono in grado di prevedere l'andamento dei mercati e, quindi, di massimizzare le opportunità offerte dalle borse finanziarie dietro lauto compenso. Questo non è vero nella grande maggioranza dei casi, in quanto i mercati rispondono a leggi probabilistiche, soprattutto nel breve termine. In realtà la maggior parte dei gestori non è in grado di prevedere nulla di sostanziale, anche se i migliori di essi sono in grado di comprendere approssimativamente quando si verificano talune situazioni di eccesso. Questa impostazione è stata strumentalizzata dal marketing delle società di gestione per giustificare la necessità di affidare il proprio denaro sempre e comunque a esperti.

Se ti fermi un secondo a riflettere, ti rendi subito conto di come investire basandosi sull'ipotesi che i mercati siano prevedibili è particolarmente dannoso.

In primo luogo, questa impostazione conduce a una visione miope dell'investimento. Siccome è nella natura umana cercare conferme circa la validità di un'ipotesi, l'investitore "drogato" da previsioni finanziarie finirà con l'essere eccessivamente dipendente dalle oscillazioni di breve termine dei mercati finanziari.

Al primo ribasso si farà spaventare, anche perché inizierà a mettere in dubbio la validità delle notizie sulla cui base ha fatto una o più scelte. Alla fine abbandonerà il suo portafoglio attuale per abbracciarne uno a più basso rischio, e lo farà nel momento peggiore.

In secondo luogo affidarsi alle previsioni significa quasi sempre entrare e uscire dal mercato nel momento sbagliato. In questo modo è quasi certo che i rendimenti finali saranno molto deludenti.

Per dimostrare come sia dannoso investire secondo le previsioni, lascia che ti fornisca un esempio vero, tratto dalla storia recente dei mercati.

Dal 1977 al 1990 il fondo **Magellan** di Fidelity, gestito dal leggendario Peter Lynch, ha ottenuto un guadagno medio annuo composto del 29%. Per farla breve: se avessi investito 100.000 € nel fondo nel 1977 e non avessi mai cercato di battere il mercato entrando e uscendo, avresti accumulato – in appena 13 anni- la cifra astronomica di 2 milioni e 700.000 €. Ecco un altro modo di vedere le cose: ti sarebbe bastato investire 36.000 € nel prodotto Fidelity per diventare milionario, tredici anni dopo.

Prima che tu ti faccia prendere la mano e corra da Fidelity a sottoscrivere le quote dei suoi fondi, permettimi di ricordarti che Peter Lynch ormai è in pensione. È stato uno dei rari "dominatori" nell'ambito della gestione professionale del risparmio, e questa storia non inficia minimamente la regola generale secondo cui l'investimento in fondi comuni distrugge il tuo capitale. Invece io vorrei attirare la tua attenzione su un altro aspetto che ti lascerà a bocca aperta.

I rendimenti ottenuti dal fondo non coincidono neppure lontanamente con le performance ottenute dagli investitori. Il risparmiatore medio, che ha conservato il fondo per 13 anni, ha finito con il perdere dei soldi.

Come mai? La ragione è piuttosto semplice.

Nel tentativo di prevedere quello che sarebbe accaduto, gli investitori entravano e uscivano continuamente dal fondo. Peccato che lo facessero nei momenti sbagliati, vendendolo dopo un periodo di scarso rendimento per ricomprarlo quando era sui massimi.

Ti ho raccontato questo aneddoto per farti capire come sia dannoso pensare che ci sia qualcuno, là fuori, in grado di prevedere il futuro andamento dei mercati, e come il tentativo di entrare e uscire continuamente dagli stessi alla fine produca rendimenti deludenti.

Prima di concludere è bene mettere ancora un puntino sulla "i": Lynch non ha mai basato le sue scelte di investimento sulla presunta capacità di prevedere cosa sarebbe accaduto ai mercati. Al contrario, gli straordinari risultati che ha ottenuto derivavano dall'applicazione di un *metodo* basato sul tentativo di sbagliare di meno, sulla grande diversificazione del portafoglio (Magellan deteneva più di 1.500 azioni diverse) e sulla pazienza.

Se i più grandi investitori del mondo non hanno accumulato grosse fortune grazie alle loro previsioni, perché mai dovresti cimentarti tu in un gioco così pericoloso?

Per tua (e per mia) fortuna è possibile ambire a rendimenti elevati dal proprio patrimonio grazie ad alcune semplici regole, che vedremo insieme.

Prima, però, completiamo la nostra panoramica esaminando l'ultima delle tre "ere" e sbirciando all'interno di un metodo vincente per investire.

La Terza Era dei mercati finanziari: budget di rischio, consapevolezza, ottimizzazione e prodotti a basso costo

È tempo che tu smetta di credere alle favole: la tua banca non è in grado di fare previsioni accurate circa il futuro andamento delle azioni e delle obbligazioni, per cui è inutile pagare degli esperti che fanno in massa ciò che puoi fare tu da solo.

Se è vero che i mercati non si possono prevedere, è altrettanto innegabile che essi non si muovono in modo casuale, ma rispondendo a logiche specifiche che hanno a che vedere con l'andamento delle economie, e con la psicologia degli investitori. Per questo, se vorrai riprendere il controllo dei tuoi investimenti, dovrai progettare un portafoglio che abbia alcune caratteristiche fondamentali.

IL PORTAFOGLIO DEVE ESSERE SOSTENIBILE A LIVELLO PSICOLOGICO

Cosa significa che un portafoglio investimenti deve essere "sostenibile"? In breve: esso non deve riservare sorprese inattese.

Se è vero che non puoi conoscere in anticipo il futuro, è però altrettanto vero che puoi conoscere il tuo comportamento di fronte ad eventi futuri. In tanti anni in cui mi occupo di finanza personale ho compreso una cosa fondamentale. Che da sola farà la differenza tra una persona che guadagna e una che perde.

Sebbene i ribassi non piacciano a nessuno, gli investitori sono a proprio agio con un certo "livello" di rischio. Solo quando le perdite superano il livello accettabile scatta il panico, che si trasforma in vendite frettolose ed errori devastanti.

Il problema è che quasi nessuno si ferma un attimo a riflettere su questo aspetto. Sono pochi quelli che si domandano quale sia il rischio che sono disposti a tollerare senza andare in ansia e correre a vendere tutto. Ma chi lo fa parte con un grande vantaggio. Sa quello che potrebbe capitargli nell'ipotesi peggiore, e lo mette in conto prima.

LA CONSAPEVOLEZZA TI FARÀ VINCERE

Essere consapevoli del portafoglio che si è creato è di fondamentale importanza per evitare il **rammarico del giorno dopo.**

Troppo spesso l'investitore perde lucidità e, accecato da quello che è accaduto dopo che ha fatto l'investimento, ritorna al momento iniziale e mette in discussione le scelte fatte sulla base di informazioni che in quel momento non aveva.

Ti propongo due casi diversi, che mi sono accaduti più e più volte nel corso degli anni. Per illustrarteli userò due nomi di fantasia, per proteggere la riservatezza di coloro sono stati protagonisti delle vicende.

Marco ha investito una quota eccessiva del suo portafoglio in azioni. Quando il mercato è sceso (è accaduto più volte e accadrà perché le discese fanno parte della storia dei mercati), è corso a vendere tutto.

"Io volevo guadagnare un po' di più di un BTP a breve scadenza, senza correre rischi".

Marco ha pagato caro la sua incoerenza. Se il suo obiettivo era quello di ottenere una crescita moderata del capitale senza correre rischi non avrebbe dovuto farsi accecare dall'avidità, fino a investire in azioni una quota eccessiva del proprio capitale.

Sandro è un investitore prudente. Il suo obiettivo è di non perdere il capitale. Anno dopo anno lui lo vuole vedere crescere, anche di poco. Dopo un rialzo prolungato dei mercati azionari la sua frustrazione raggiunse livelli elevati. *"Tutti guadagnano tranne me!"* chiosava un giorno.

Di nuovo siamo di fronte ad una grave mancanza di consapevolezza. Se il tuo obiettivo è quello di guadagnare poco senza correre grossi rischi, perché poi "cambi pelle" dicendo che sei deluso dai magri guadagni?

Entrambi gli investitori sono a rischio. Marco sarà tentato di ridurre il suo grado di rischio dopo un forte ribasso, mettendo le premesse per la disfatta futura, quando i mercati riprenderanno. Per contro Sandro sarà tentato di aumentare l'investimento in azioni nel momento peggiore. Tradendo la sua prudenza, sotto l'effetto di una avidità accecante, si troverà nella situazione in cui si trova Marco in occasione del prossimo ribasso.

IL PORTAFOGLIO VA OTTIMIZZATO MA NON STRAVOLTO

C'è una bella differenza tra ottimizzare un portafoglio e stravolgerlo. Nel primo caso si faranno degli opportuni aggiustamenti per renderlo più performante attraverso una variazione controllata dei suoi componenti di base.

Nel secondo caso si cambierà di continuo il portafoglio per inseguire i mercati, finendo per rimetterci un sacco di soldi in errori tattici, costi e tasse.

I COSTI BASSI SONO IL TUO ALLEATO

Non mi stancherò mai di ripetere che tutte le tue strategie di investimento dovranno basarsi sulla minimizzazione dei costi. Pagare caro degli esperti che ti promettono di battere il mercato è una chimera che alla fine ti lascerà deluso, depresso, e con pochi soldi in tasca.

6

Come evitare di progettare un portafoglio destinato a schiantarsi

S apere ciò che va evitato è tanto importante quanto sapere cosa fare per investire il tuo patrimonio in modo consapevole, semplice e indipendente al fine di aumentare i rendimenti e ridurre i rischi.

Sono stato un investitore privato per diversi anni, prima di entrare a far parte del mondo bancario. Quando l'ho abbandonato, per aiutare le persone a investire nel modo corretto i propri soldi, avevo visto una serie variegata di casi finanziari clinici. Ma, sebbene tu sia tentato di pensare il contrario, mettendo ordine nel mio bagaglio di esperienza degli ultimi venti anni ho notato un fenomeno curioso.

Gli errori che gli investitori commettono, e che impediscono loro di guadagnare, sono sempre gli stessi. Lo sbaglio più frequente è l'eccessiva attenzione a cosa succede nel breve periodo, in modo particolare dopo aver investito ("entro io ed il mercato scende"). Tuttavia ci sono altri cinque errori che ti attendono fuori dalla porta per divorare i tuoi capitali. Esaminiamoli insieme uno ad uno, in modo che tu non li commetta più.

Partire dal prodotto per arrivare al portafoglio

"Dove è meglio investire oggi?", si chiedeva Enzo mentre leggeva il Sole24 scavando avidamente tra gli articoli alla ricerca di qualche indicazione precisa. Mentre leggeva le pagine scritte sulla classica carta di color giallino, il suo occhio cadde su una notizia che attirò la sua attenzione. Un'obbligazione emessa dallo Stato di Bengodi rendeva il 9% annuo. Poco importa se la valuta erano i *Ruands*, il titolo rendeva bene. E dopo un giorno faceva già parte del suo portafoglio.

Dopo una settimana, Alessia, la vicina di casa, arriva abbronzata da un viaggio in India. Ferma sul pianerottolo nei pressi dell'ascensore la donna racconta dell'effervescenza che ha visto durante il suo viaggio. Enzo resta così colpito da investire una quota del suo patrimonio in azioni indiane.

Recatosi in banca, e dopo aver sentito parlare della possibilità di default dello stato italiano, Enzo sottoscrive un fondo di investimento specializzato in titoli di stato area euro emessi da Paesi con la tripla A. Partendo dal prodotto per arrivare al portafoglio il nostro amico si trova ad avere investito i suoi soldi in alcuni strumenti finanziari che male interagiscono gli uni con gli altri.

Non mi stancherò mai di ripeterlo. Un portafoglio di investimento è un'entità che va progettata nel suo insieme, come prima cosa e mai deve essere la risultante di prodotti finanziari accozzati a caso.

Creare una polverizzazione invece di una diversificazione efficace

Quando gli parlai per la prima volta, Giuseppe aveva un portafoglio, a suo dire, molto diversificato. Il suo patrimonio ammontava a 200.000 € ed era suddiviso tra diversi BTP ognuno dei quali "valeva" circa 1.000 euro. Fino a quel momento aveva dormito sonni tranquilli, perché era inconsapevole di ciò che accadeva "sotto il motore" dell'auto che inconsciamente stava guidando.

Oltre ad avere una diversificazione solo apparente, perché tutti i suoi soldi erano investiti in titoli dello stesso emittente, Giuseppe si trovava di fronte ad un problema enorme. Avendo duecento titoli il suo estratto conto era kilometrico e le cedole incassate erano frequenti ma di piccolo importo.

Se hai letto con attenzione quello che ho scritto nel Capitolo 1, sai bene che cosa sono i veicoli di investimento. Grazie ad essi, ed agli ETF che ha imparato a scegliere da solo, Giuseppe ha ora pochi contenitori – ossia poche righe di estratto conto – ma una grandissima diversificazione, perché i quattro ETF in cui ha investito contengono in totale 3.000 titoli diversi.

> **Il sintomo dell'errore della "polverizzazione" consiste nel credere che una buona diversificazione si traduca, sempre, in un numero elevato di strumenti finanziari in cui abbiamo investito.**

In realtà è possibile creare una diversificazione efficiente con pochissimi prodotti (3 o 4 al massimo) al cui interno ci siano moltissimi strumenti finanziari. Privilegiare l'investimento in poche "scatole" con molto contenuto ti darà due vantaggi strepitosi:

- il tuo estratto conto sarà molto semplificato e avrai pochi strumenti da tenere sotto controllo;

- sebbene a prima vista non sembri, i tuoi soldi saranno investiti in centinaia di titoli diversi, che tuttavia saranno "raggruppati" grazie alle "scatole" in cui gli stessi saranno inseriti.

La confusione tra veicolo di investimento e singolo prodotto finanziario causa parecchi problemi agli investitori che, nel tentativo di avere portafogli più protetti, aumentano in modo sconsiderato il numero di strumenti in cui investono.

Se sceglierai di seguire il mio consiglio, ossia concentrerai i tuoi investimenti in pochi veicoli molto diversificati, sappi fin da subito che non sarà facile.

La nostra mente non accetta facilmente i cambiamenti, e la credenza secondo cui un portafoglio è ben diversificato solo se ha tante righe sull'estratto conto è dura a morire. Ma ti assicuro che Giuseppe ora sta molto meglio, sia a livello emotivo sia finanziario. Non ha più quella sgradevole sensazione che i suoi soldi siano fuori controllo, ha ridotto il peso dell'Italia grazie al rimpiazzo dei BTP, ed ora ha un portafoglio stabile che cresce in modo più "dolce" di quello precedente.

Orientamento al breve periodo

Salvo guardava i suoi allievi muoversi rapidamente su e giù nella corsia della piscina presso cui insegnava. Essere istruttori di nuoto offre tanti vantaggi, ma un elevato livello di retribuzione non è tra questi. Per questo Salvo aveva intrapreso la sua carriera di investitore, seguendo ciò che faceva il cognato.

Sapendo che mi occupavo di finanza, Salvo mi chiese un parere su un titolo che suo cognato aveva comprato qualche giorno prima. "*Luca è sempre davanti al pc: al mattino compra e al pomeriggio vende e fa un sacco di soldi. Anche io ho seguito i suoi consigli, ho investito ieri 10.000 euro e già ne perdo 100. Secondo te questo titolo è buono, oppure avrei fatto meglio a liquidarlo quando guadagnavo 20 euro?"*

Salvo è partito dal prodotto per arrivare al portafoglio, e questo è già di per sé un errore. Ragionando in termini troppo brevi il nostro amico rischia di commetterne uno peggiore, vendendo troppo presto un titolo che – forse – è destinato a crescere.

Tutti noi vorremmo comprare in corrispondenza di un minimo, o quanto meno assistere ad una rapida crescita dei titoli che via via inseriamo in portafoglio. Quante volte ti è capitato di fare un investimento e, dopo pochi minuti, controllarne la quotazione per sapere se stavi guadagnando oppure no? A me capitava spesso; è normale, ma può crearti dei problemi piuttosto grossi.

Appartatoci in un tavolino della sala istruttori, Salvo ed io stavamo osservando un grafico che gli avrebbe fatto capire che cosa non funzionava nel suo ragionamento e come mai in quel caso specifico non era vero che appena dopo essere entrato il mercato aveva cominciato a scendere.

Sebbene fosse privo di un sistema articolato per costruire un portafoglio efficace, Salvo stava per imparare una lezione davvero importante.

L'andamento del prezzo di uno strumento finanziario non è mai "rettilineo", ma sale e scende ad onde che tuttavia si dirigono verso una direzione precisa: verso l'alto o verso il basso. A volte, poi, le onde sono "a somma zero", perché i prezzi si spostano da un massimo ad un minimo più volte, in maniera ciclica.

Ma non tutti i ribassi sono uguali. Se la tendenza di fondo è rialzista, i ribassi sono delle temporanee prese di profitto da parte di operatori che "vendono troppo presto". Dopo essere sceso, quel mercato - o quello strumento finanziario - riprenderà a crescere, segnando nuovi massimi fino a che il trend non cambierà direzione diventando fortemente ribassista. Se investi in ETF che hanno come sottostante indici finanziari diversificati, le inversioni del trend che passa da un rialzo ad un crollo sono davvero molto rare.

Sebbene "cavalcare" il trend ti porti a commettere degli errori, se la tua impostazione mentale è tale per cui non vuoi restare investito nelle fasi di ribasso, permettimi di dirti una cosa e di lanciarti al tempo stesso un avvertimento. Esistono diversi modi per riconoscere un trend rialzista. Il sistema che uso io si basa sul CLI (Composite Leading Indicator) elaborato dall'OCSE per individuarne la partenza, e un indicatore di sentiment (la media mobile a 12 mesi) per riconoscerne la fine. Tieni inoltre presente che gli ETF che investono in indici diversificati presentano trend più duraturi e facilmente riconoscibili ad occhio. I singoli bond o le singole azioni, invece, presentano movimenti dei prezzi molto più "incasinati" e di difficile interpretazione.

Un'analisi "ad occhio" del grafico dei prezzi ti sarà utile per comprendere in modo approssimativo il punto in cui ci troviamo ora.

Dopo aver compreso che il suo titolo era in una fase crescente, Salvo ha tenuto duro, liquidando lo stesso dopo 3 anni con un guadagno del 50%.

Usare un sistema di tipo trend following, però non è per tutti e comporta perdite collegate ai falsi positivi. Capita spesso che a fronte di un segnale di vendita segua una ripresa del mercato, costringendoti ad entrare a prezzi più alti rispetto a quelli ai quali avevi venduto. Oppure può darsi che un segnale di acquisto sia seguito da un ribasso.

Operare con il trend following, inoltre, significa entrare quando una parte del rialzo si è già verificato e uscire quando una parte della discesa è già stata subita. Tieni conto di queste implicazioni, se vorrai usare la tecnica del trend following per la ottimizzazione del tuo portafoglio.

Non permettere questo!

Vedremo, nel prossimo capitolo, che la progettazione di un portafoglio di investimento ha poco a che vedere con le future previsioni circa l'andamento dei mercati finanziari. In questa fase, infatti, conviene abbracciare la tesi secondo cui i mercati sono imprevedibili, per poi ottimizzare i rendimenti cambiando periodicamente il progetto a seconda di quello che accade sui mercati stessi.

Nella fase di progettazione del tuo "nuovo" portafoglio dovrai tenere unicamente conto di questi aspetti:

- a che cosa ti serviranno i soldi che ora investi;

- tra quanto tempo ne avrai bisogno;

- qual è la perdita massima che puoi tollerare.

La pratica dell'investitore inconsapevole mostra, invece, un'altra inquietante verità.

È il recente andamento dei mercati a determinare la tua propensione al rischio, e non i tuoi obiettivi di investimento o le tue caratteristiche personali, come invece dovrebbe essere.

Quando decidiamo come investire i nostri soldi, sovente restiamo abbindolati da ciò che vediamo nello specchietto retrovisore. La nostra tendenza a proiettare nel futuro ciò che è accaduto nel recente passato ci porta ad essere avidi quando il mercato è vicino ai massimi, e paurosi quando il mercato è in prossimità dei minimi.

Quando lavoravo in banca, nei primi anni 2000, gli investitori volevano a tutti i costi partecipare alla "bonanza"[1] della nuova economia. Le persone facevano letteralmente la fila per poter entrare nei fondi azionari specializzati in azioni ad alta tecnologia, ma il momento non era ottimale.

Ti suona familiare il motto *"entro io ed il mercato scende?"*. Quella volta accadde perché gli investitori pensarono che la crescita recente ed esplosiva del mercato azionario sarebbe continuata nel tempo.

Due anni dopo, mentre quelle stesse persone stavano leccandosi le ferite, altri venivano da me per investire. I mercati erano crollati e c'era un pessimismo diffuso, da fine del mondo. In pratica ci trovavamo di fronte all'immagine allo specchio dei rialzi di carta cui avevamo assistito solo pochi mesi prima.

---

[1] Chi ama i fumetti di Tex Willer come me, sa che la "bonanza" era un giacimento aurifero particolarmente ricco.

Pochissimi guadagnarono negli anni che seguirono, perché erano tutti molto spaventati. Ancora una volta, proiettando i ribassi di breve termine in un futuro indefinito, gli investitori pensavano che la priorità assoluta fosse "difendere il proprio capitale".

Al termine delle fasi rialziste sei "naturalmente" nella condizione di voler correre più rischi di quelli che effettivamente puoi sopportare, mentre al termine di un forte ribasso hai paura e non vuoi rischiare.

Tuttavia, se è il recente andamento dei mercati a definire la tua tolleranza al rischio, farai poca strada. Inevitabilmente diventerai avido quando è ora di essere pauroso, e spaventato quando è ora di essere avidi.

La soluzione consiste nel progettare un portafoglio di riferimento che rifletta la tua capacità di sopportare delle perdite per poi ottimizzarlo "in corsa", a seconda di quello che accade sui mercati. Vedremo nei prossimi capitoli come tradurre in pratica tutto ciò.

Evento o processo? Saperlo è fondamentale per i rendimenti che otterrai

Immagina di vincere alla lotteria. Conosco persone che attendono tutta la vita di diventare ricche da un momento all'altro. Se stai leggendo questo libro probabilmente ricco (o quanto meno benestante), già lo sei; in questo caso immagina di raddoppiare i tuoi soldi nel giro di poche ore.

Torna ora indietro con la mente al percorso che hai fatto per accumulare i capitali di cui ora disponi. O immagina ciò che hanno fatto le generazioni che ti hanno preceduto per permettere a te, ora, di disporre di ciò che hai.

Ti ho fatto questi esempi per aiutarti a distinguere un evento da un processo, in modo tale che tu non commetta uno sbaglio disastroso. Un evento è "qualche cosa" che ti capita una sola volta nella vita, che te la cambia, ma che di solito non è riproducibile. Chi vince la lotteria, ad esempio, di solito non vive due volte la medesima situazione.

Un processo, al contrario, è una catena di eventi, uno legato all'altro, che gradualmente ti fanno muovere in una certa direzione. Non tutti gli eventi saranno favorevoli, ma a tendere andrai verso un obiettivo definito. Se stai pensando ai trend di mercato che abbiamo incontrato prima sei nella direzione corretta.

> **Investire è un processo non un evento. Non contano le battaglie perse ma la guerra che vincerai alla fine.**

Uno dei problemi che squarciano la gola agli investitori è la delusione da perdita. A questo punto te la metto giù dura: *non sei un investitore se non perdi*, per cui inizia ad abituarti all'idea. Non è la singola perdita che deve spaventarti ma l'impossibilità di recuperarla.

Te la dico in un altro modo: non è il cadere in acqua che ti fa annegare, ma il rimanerci.

Un sistema per investire è un insieme di regole che governa un processo, non il singolo evento. Se imposti una strategia corretta otterrai dei risultati, ma questi non saranno mai una serie ininterrotta di successi. Invece di basarti sull'esito di un singolo evento, come ad esempio un'operazione chiusa in perdita, affidati al sistema che hai appreso e continua a seguirlo.

Non hai idea di quante persone hanno perso ottime occasioni di guadagno perché dopo un paio di fallimenti hanno abbandonato il sistema. Avevano il portafoglio giusto per loro ma lo hanno abbandonato nel momento sbagliato per poi ricomprarlo nel momento peggiore. O non hanno seguito le regole dure ma efficaci della ottimizzazione.

Quanta strada abbiamo fatto! Quando avrai metabolizzato i concetti appresi nelle pagine che seguono, sarai davanti al 90% degli investitori italiani.

Lo so che smani dalla voglia di costruire un portafoglio su misura per te e nel prossimo capitolo vedremo le basi per la progettazione efficace di un portafoglio che non ti deluderà.

Ma prima di procedere ripassiamo i concetti cardine che abbiamo imparato:

1) **per aumentare il rendimento** dei nostri investimenti dobbiamo evitare una serie di errori, che nascono nella nostra testa e sono assecondati e fomentati dalle banche. Grazie alla predisposizione a sbagliare, credendo che i mercati siano prevedibili da parte degli esperti, le banche trovano gioco facile nel vendere prodotti ad alto costo destinati a farti perdere o comunque a guadagnare poco.

2) **i costi contano**. Il semplice atto di sostituire i fondi costosi con ETF a basso costo ti permetterà di aumentare in modo istantaneo i rendimenti, indipendentemente da ciò che faranno i mercati sottostanti. Il risparmio di migliaia di Euro l'anno si tramuterà in un guadagno aggiuntivo per te.

3) **un portafoglio ben strutturato** non rispetta solo alcune caratteristiche tecniche, ma è anche psicologicamente sostenibile.

Allo stesso modo le tecniche di ottimizzazione devono sposarsi con il tuo modo di essere e di pensare. In caso contrario il tuo piano deraglierà, perché non avrai né la forza né la costanza di seguirlo. avere un metodo e la forza psicologica per seguirlo.

Attrezzati dalle nuove conoscenze acquisite, possiamo passare alla fase successiva e vedere in dettaglio come progettare un portafoglio efficace.

7

L'Asset Allocation: la base per la costruzione di un portafoglio redditizio

Cos'è l'asset allocation

Dei tre elementi che determinano la redditività del tuo portafoglio, l'asset allocation è senza dubbio la più importante. Secondo uno studio fatto da *Ibbotson Associates infatti,* l'asset allocation spiega il 90% dei rendimenti di un mix di investimenti. Ma cosa si intende con il termine "asset allocation" e come mai se ne parla così poco?

L'allocazione degli attivi è il processo mediante il quale un investitore suddivide i suoi averi tra diverse forme di impiego del denaro. L'obiettivo è quello di creare un portafoglio personalizzato in grado di massimizzare il rendimento per un livello di rischio. O, se preferisci, di minimizzare il rischio per un dato livello di rendimento.

Ciò è possibile grazie alla correlazione imperfetta tra i diversi componenti del portafoglio. In altre parole, una buona asset allocation si basa sul fatto che mentre i rendimenti di alcuni dei suoi componenti crescono altri scendono, e questo fa sì che il tasso di crescita del portafoglio sia più "lineare" rispetto ai saliscendi dei singoli investimenti.

La ragione per cui questo argomento, così importante, è sottovalutato è presto spiegato. *Non si presta bene alla vendita dei prodotti finanziari*. Come vedremo, investire in modo redditizio i tuoi soldi è davvero semplice, ma a volte rischia anche di essere *noioso*. I consulenti allora preferiscono fare leva sulle proprie capacità professionali, suggerendoti il prodotto giusto nel momento opportuno. La loro incapacità di anticipare, o peggio, di prevedere cosa accadrà ai mercati è la ragione per cui i tuoi soldi renderanno poco o nulla.

Se a una scarsa asset allocation (che invece di essere stabilita a monte deriva per lo più dalla sovrapposizione di prodotti finanziari), si aggiungono i costi, comprendi subito perché la frittata è fatta. Possiamo distinguere due forme di asset allocation: quella strategica e quella tattica.

L'ASSET ALLOCATION STRATEGICA

Corrisponde al piano di investimento di lungo periodo. Essa dovrà tenere conto di alcune linee guida, in modo particolare dell'*orizzonte temporale* del tuo investimento e della tua personale *tolleranza al rischio*. Come vedremo essa non è minimamente influenzata dall'andamento dei mercati: né quello mostrato nel recente passato né quello atteso per il prossimo futuro.

L'ASSET ALLOCATION TATTICA

Consiste nelle variazioni marginali fatte all'allocazione strategica per ottimizzarne i rendimenti. Esistono due strade per raggiungere questo risultato, una è il *ribilanciamento* dei pesi, l'altra il *trend following*.

Ribilanciare i pesi consiste nell'annullare le oscillazioni che l'andamento di mercato provoca sul tuo portafoglio.

Per spiegare meglio ciò che intendo dire, partiamo da una considerazione piuttosto ovvia.

Dopo aver investito il valore del portafoglio non resterà costante. Al contrario esso si muoverà in risposta alle fluttuazioni del valore di mercato dei titoli che lo compongono. Alcuni saranno cresciuti, mentre altri saranno scesi. O, semplicemente, saranno cresciuti di meno di altri.

Le forze di mercato alterano la composizione del portafoglio, fino a portarlo lontano dalla sua destinazione originale. Una fase ribassista per le azioni farà sì che la quota di capitale di rischio sia più leggera rispetto a quella iniziale. Al contrario una prolungata salita dei mercati farà crescere la quota di azioni e, con essa, il rischio complessivo del portafoglio. Il ribilanciamento serve a riportare periodicamente l'allocazione attuale a quella strategica impostata nel momento del primo investimento. Chi segue un approccio trend following, invece, asseconderà il movimento rialzista, uscendo nelle prime fasi di un movimento al ribasso.

Linee guida per un'allocazione efficace

Quello che vedremo ora sono i passaggi necessari alla costruzione di un'asset allocation personalizzata. Il tuo bagaglio di investitore non può prescindere da ciò, ma sappi che se vuoi essere immediatamente operativo hai fin da ora le risorse per farlo.

Andando alla pagina Web **segretibancari.com/investimenti** potrai scaricare gratuitamente quattro diverse allocazioni ottimizzate tra le quali scegliere quella più adatta al caso tuo per essere subito operativo.

Ti invito comunque a studiare con attenzione questo capitolo per imparare la logica sottostante che presiede la costruzione dei portafogli. In questo modo potrai personalizzare le allocazioni che ho preparato per te modificandole in modo opportuno.

LA QUOTA DI AZIONI DEVE CRESCERE CON L'ORIZZONTE TEMPORALE

L'orizzonte temporale altro non è che la "data di scadenza" del tuo investimento. Tanto più questa è lontana tanto maggiore deve essere la quota azionaria del portafoglio.

La ragione della mia affermazione trova riscontro nello studio empirico dei mercati.

Investire in azioni è molto rischioso nel breve periodo, mentre diventa estremamente redditizio nel lungo andare.

Un investimento ottimizzato e diversificato in azioni di tutto il mondo offrirà, nel tempo, rendimenti superiori a qualunque altra forma di impiego. Devi tenere presente, tuttavia, che il tuo capitale sarà soggetto ad ampie fluttuazioni, che potrebbero indurti a vendere tutto nel momento peggiore.

Per queste ragioni la quota azionaria ottimale deve tenere conto sia della durata del tuo investimento, sia della tua personale tolleranza al rischio. Ma la presenza di azioni in portafoglio è di fondamentale importanza ai fini della ottimizzazione del rapporto rendimento/rischio. Anche i portafogli più prudenti dovranno avere al loro interno una quota di azioni.

Possiamo affermare, in linea generale, che sono le azioni il principale motore del rendimento di un portafoglio. Le obbligazioni, al contrario, servono a stabilizzare i rendimenti durante le fasi ribassiste dei mercati azionari.

Pensare dunque di ottenere guadagni elevati da un portafoglio di obbligazioni con la totale esclusione delle azioni è una pura illusione.

Stabilire la quota di azioni da inserire in portafoglio è davvero importante. Nelle asset allocation che ti regalo e puoi scaricare gratuitamente all'indirizzo **segretibancari.com/investimenti** troverai precise indicazioni su come e dove investire in base alla tua tolleranza al rischio.

Ma permettimi di offrirti una regola generale, basata sul concetto di budget di rischio.

Definisci il tuo budget di rischio

Quando, in qualità di scrittore, partecipai al Salone del libro di Torino, fui intervistato insieme a un collega, che si occupa anche lui di mercati finanziari. Mi colpì molto il suo motto: *"devi amare il rischio"*, perché gli investitori solitamente detestano questa parola.

Amare il rischio significa prendere atto di una verità senza tempo e dalla quale non puoi prescindere: investire implica dei rischi, ossia c'è la possibilità concreta che tu ottenga una perdita, invece di un guadagno. Per questo motivo farai bene a separare il patrimonio in due parti distinte: risparmio e investimento.

La quota di denaro che non puoi in nessun modo permetterti di perdere non va investita, ma conservata. Si tratta del risparmio che, per definizione, non può essere eroso né messo a repentaglio, e che va anzitutto conservato. Per farlo puoi versare la quota di risparmio familiare presso un conto corrente remunerato, o un conto deposito aperto presso una banca solida. Non preoccuparti di che tasso di interesse otterrai, non è importante.

Gli investimenti servono a generare rendimento, il risparmio serve a darti la sicurezza.

Una volta che hai ben chiara nella tua testa la parte del tuo patrimonio che rappresenta un risparmio e quella che può essere investita, possiamo fare un passo in avanti.

Investire comporta dei rischi, che possono essere definiti entro un perimetro che sarai tu a decidere, ma non possono essere eliminati. Se la tua avversione alle perdite è totale, allora non sei un investitore ma un risparmiatore. Se, invece, sei disposto a rischiare, allora puoi definire il tuo budget di rischio dal quale partire per costruire il tuo portafoglio.

Il budget di rischio è la perdita massima per te accettabile, sostenibile sia a livello economico sia a livello emotivo.

Perché ti parlo di rischio e non di rendimento? Il motivo è semplice. Il rendimento non dipende da te: è una variabile che non puoi controllare, perché è impossibile sapere quale sarà il rendimento effettivo di un portafoglio di investimenti. Sarà il mercato a deciderlo.

Il rischio, al contrario, è una grandezza che puoi controllare definendo una perdita massima per te accettabile e costruendo il tuo "progetto" partendo da quello.

Il budget di rischio è una grandezza che solo tu puoi conoscere. Non ci sono libri che ti dicono quale sia il suo valore ottimale, e non ci sono valori "giusti" o "sbagliati". Per te una perdita massima del 5% sull'intero capitale investito può essere moltissimo; io potrei essere disposto a perdere al massimo il 25%.

Tieni solo presente una cosa: tanto più basso è il tuo budget di rischio, tanto minore sarà il rendimento che il tuo portafoglio genererà, perché rendimento e rischio in finanza viaggiano nella stessa auto. Se temi di perdere, piuttosto, riduci la quota di capitale destinata all'investimento e aumenta quella dedicata al risparmio, ma definisci comunque un budget di rischio che per te sia accettabile.

Scegli le asset class in cui investire

Una volta che hai definito il tuo budget di rischio, ossia hai deciso la percentuale massima che sei disposto a perdere nel peggiore dei casi, puoi decidere in quali classi di attivo effettivamente investire i tuoi soldi.

La prima, più semplice, ma anche più importante distinzione che dovrai fare è quella tra azioni e obbligazioni.

Il secondo passo consiste, poi, nel suddividere la porzione azionaria in più "sotto classi" suddivise per area geografica, mentre la quota obbligazionaria andrà suddivisa sulla base di altri parametri. A titolo di esempio puoi prendere in considerazione la scadenza dei titoli, la valuta di denominazione, il tipo di bond (corporate, governativo, emergente, ecc).

Non esiste una regola ferrea per stabilire quante azioni inserire in portafoglio sulla base della tolleranza al rischio. Molti fattori entrano in gioco e vanno presi in considerazione, ragione per la quale l'asset allocation è una disciplina a metà strada tra arte e scienza.

Se vuoi avere un parametro grossolano che puoi iniziare ad usare nella progettazione del tuo portafoglio, segui questa regola approssimativa:

Percentuale di azioni = 2,5 x perdita massima accettabile

Questa percentuale ti permetterà di restare lucido anche se i mercati azionari dovessero subire perdite di media entità, come è accaduto più volte nel recente passato.

Non ti chiedo di credermi, ma di provare. E osservare nel tempo cosa capiterà ai risultati.

Una volta definita la tua asset allocation di base puoi passare alla fase successiva.

Usa veicoli di investimento efficienti per costruire il tuo portafoglio

Ora che hai definito quante azioni puoi mettere in portafoglio e in quante obbligazioni investire, dobbiamo riempire le scatole scegliendo gli strumenti migliori. Io ti sconsiglio vivamente di dedicare del tempo alla scelta delle singole azioni e dei singoli bond in cui investire.

Se lo facessi ti troveresti con un portafoglio troppo concentrato e saresti preda facile dell'Home Country Bias. Inoltre le azioni ed i bond di un singolo Paese sono molto volatili, come hai visto all'inizio del cammino che stiamo facendo insieme per diventare investitori liberi e consapevoli.

Una volta che hai stabilito la quota ottimale di azioni in cui investire, traduci operativamente il tutto comprando un ETF diversificato a livello mondiale. Non romperti la testa nel cercare di individuare quale sarà la nazione che probabilmente avrà il mercato più performante. Limitati ad abbracciare l'intero mercato azionario mondiale, e fallo usando ETF e non fondi di investimento sulla base di queste due considerazioni:

- i fondi di investimento sono costosi;

- i fondi azionari internazionali non riescono praticamente mai a battere il loro benchmark rappresentato dall'indice MSCI World.

Un discorso analogo va fatto per le obbligazioni. Non ha senso comprare singoli titoli, perché correresti un rischio di default troppo elevato. Se anche uno solo dei bond in cui hai investito dovesse trasformarsi in carta straccia perderesti subito una fetta importante del tuo capitale.

Prima della crisi finanziaria del 2007-2008 avresti benissimo potuto acquistare qualche titolo di stato, o qualche obbligazione societaria privata in euro, e riempire con 3 o 4 titoli la scatola relativa alle obbligazioni, ma oggi è diventato tutto più complicato.

Il rischio di fallimento di un emittente avrà un impatto dirompente sul tuo portafoglio, qualora al proprio interno avesse pochi titoli obbligazionari. Il problema non si pone per la componente azionaria che, essendo rappresentata da ETF, è già di per sé molto ben diversificata.

Per questo motivo ti consiglio caldamente di scegliere degli ETF anche per la parte obbligazionaria del tuo portafoglio, e non cadere nella trappola di investire in una manciata di titoli di stato o di obbligazioni societarie in euro.

Nelle asset allocation che ho preparato per te troverai entrambe queste classi di attivo, il che ti permetterà di essere subito "operativo" in base al tipo di portafoglio scelto.

Useremo, peraltro, due soli ETF:

- Ishares Eu Aggregate Bond -IE00B3DKXQ41
- Ishares Core Msci World – IE00B4L5Y983

Se non ti va di scaricare i quattro portafogli omaggio differenziati per il rischio e vuoi avere subito un portafoglio ben equilibrato, investi la metà del tuo capitale nel primo ETF e l'altra parte nel secondo. Farai meglio del 90% dei fondi di investimenti bilanciati e flessibili collocati in Italia.

8

L'ottimizzazione del portafoglio

Ero sempre davanti al Televideo, anche in vacanza. Nei primi anni '90 non avevo ancora internet, per cui mi divertivo a seguire l'andamento dei titoli che componevano il mio portafoglio sul televideo e, quando andavo in vacanza, mi recavo a casa del mio amico Carlo la cui casa confina con quella in cui andavo in villeggiatura a quell'epoca.

Di solito controllavo le quotazioni al mattino per l'intero portafoglio, mentre il pomeriggio, verso le 15, verificavo ancora una volta quale fosse l'andamento degli investimenti azionari che avevo fatto.

I problemi subentravano quando Carlo ed io trascorrevamo una vacanza lontano da casa, sovente in una località di mare in Spagna per conoscere belle ragazze ed il televideo non era disponibile. Tragedia!! Non controllare ciò che accadeva giorno per giorno al mio portafoglio di Btp e azioni Comit era davvero duro, ma nascondeva un problema più grosso.

La borsa è molto volatile, è impensabile tenere troppo a lungo le azioni: meglio comprare, vendere, portare a casa il guadagno e poi reinvestire in qualche cos'altro. Ecco la credenza che si era sedimentata in me nei miei primi anni di investitore inconsapevole.

Cercare di movimentare molto il portafoglio, al fine di ottenere guadagni piuttosto piccoli su ogni operazione, ma costanti nel tempo, è piuttosto comune tra gli investitori.

> **Il market timing è quell'attività che concentra la propria attenzione sul momento migliore in cui investire e sul momento migliore in cui liquidare tutto.**

Fu mia zia che mi fece toccare con mano che il market timing eccessivo era un modo per distruggere la performance, invece di crearla.

Alle prese con il portafoglio di nonna Orsolina

Mia nonna, che stava subendo gli effetti della discesa dei tassi di interesse in seguito all'entrata dell'Italia nell'Euro, ebbe un'idea: chiedere aiuto ad un esperto che la aiutasse a recuperare il rendimento perduto. Suo nipote aveva da poco iniziato a lavorare in banca, per cui quale persona sarebbe stata più adatta di lui a prendersi cura del suo patrimonio?

Mia nonna, tuttavia, aveva accumulato negli anni quella preziosa sapienza contadina che la rendeva particolarmente prudente. Fu così che decise di affidare a me la metà del suo patrimonio, frutto di anni di duro lavoro in campagna e grandi privazioni, e metà a mia zia, sua nuora Giuliana.

Io ero un giovane di belle speranze all'interno di un Team di Private Banking, in quel tempo, e credevo fortemente, come i miei colleghi e i miei capi, che una movimentazione veloce del portafoglio fosse la via giusta per ottenere ottimi guadagni.

Per mia fortuna gli anni '90 videro una crescita impressionante di tutti gli asset finanziari, per cui saltando da un titolo obbligazionario ad un'azione high tech, riuscivo quasi sempre ad ottenere dei guadagni. Il market timing funzionava alla grande.

Zia Giuliana, con due figlie piccole, una quarantina di capi di bestiame e molti campi da coltivare, non aveva certo il tempo di seguire assiduamente i mercati, e decise di impostare una buona diversificazione al patrimonio lei affidato per poi dedicarsi al suo lavoro.

Nella mia famiglia il Natale era particolarmente sentito: fino a che nonna Orsolina era in vita ci riunivamo sempre per festeggiarlo insieme, e in quell'occasione nonna otteneva un piccolo rendiconto dell'andamento dei suoi investimenti.

Quella volta mi sentii estremamente a disagio. Fu uno shock immenso, che nella mia testa non doveva semplicemente accadere: il portafoglio gestito da mia zia aveva reso di più della porzione amministrata da me, nonostante avessi chiuso praticamente tutte le operazioni in utile.

In quel momento compresi che qualche cosa non funzionava, e che tutte le mie certezze basate su una conoscenza superficiale delle tecniche di gestione degli investimenti andavano riviste.

Come era possibile che una contadina accorta ottenesse risultati migliori di quelli di un team di esperti bancari? Le operazioni che facevo sul portafoglio di nonna Orsolina non erano "farina del mio solo sacco", ma derivavano da analisi fatte da colleghi molto più esperti di me, che facevano questo mestiere da diversi anni.

La lezione che appresi, e che ora voglio condividere con te è di una semplicità cristallina ma, al tempo stesso, di una forza devastante.

L'ottimizzazione del portafoglio, ossia il tentativo di ottenere guadagni superiori alla media grazie all'ingresso ed all'uscita dai mercati nei momenti "giusti", deve avere un **ruolo marginale** all'interno della gestione del tuo portafoglio.

Ricordi l'aneddoto che ti ho raccontato a proposito dei clienti del fondo Magellan di Fidelity? Molti di loro hanno perso soldi mentre il fondo cresceva al ritmo del 29% l'anno solo perché cercavano di entrare e uscire continuamente dal prodotto nel vano tentativo di "azzeccare" i momenti migliori. Nel nostro Paese la cultura del Market Timing è molto radicata. È difficile abbandonare l'idea secondo cui *"il momento di ingresso è tutto"*. Per questa ragione ci soffermeremo sul tema del market timing prima di vedere concretamente come usarlo all'interno della tua strategia di portafoglio.

A costo di sembrare noioso e ripetitivo, ci tengo a sottolineare il concetto: il market timing, inteso come strategia di ottimizzazione del portafoglio, serve a ridurre i rischi connessi con i tuoi investimenti non a ottenere una performance eccezionale nel corso del tempo.

Chi vede nel market timing lo strumento ideale per raggiungere performance elevate, a mio modo di vedere, non è un investitore ma uno speculatore (o trader) di breve periodo. Ovviamente non c'è nulla di male nello scegliere questa strada, ma comportarsi come trader nella convinzione di essere degli investitori è la ricetta per una disfatta assicurata.

Sono riuscito a persuaderti dell'importanza secondaria dell'ottimizzazione rispetto all'asset allocation strategica? No? Continua a leggere questo capitolo, perché vedremo tutte le falle di una operatività incentrata sul concetto di market timing.

Il primo miraggio del market timing

Ogni volta che compri o vendi uno strumento finanziario, sopporti tre tipi di costo:

- la commissione bancaria;

- lo spread denaro – lettera;

- lo slippage.

Essi incidono negativamente sulla performance complessiva che andrai ad ottenere e saranno tanto più alti quanto maggiore sarà la movimentazione che farai al tuo portafoglio, costruito secondo le regole che hai imparato nel capitolo precedente. Ma cerchiamo di capire meglio che cosa siano questi costi, andando più in dettaglio.

La commissione bancaria è il costo che paghi alla tua banca per il servizio di intermediazione, ossia per il fatto che essa permette ai tuoi ordini di finire su un mercato regolamentato.

Lo spread denaro lettera di uno strumento finanziario è la differenza, istante per istante, tra il miglior prezzo in acquisto e quello in vendita.

Ad esempio un certo ETF potrebbe presentarsi così:

- quantità in acquisto: 1.000

- prezzo in acquisto: 12 €

- quantità in vendita: 3.000

- prezzo in vendita: 11,50€

Se vendessi l'ETF dopo un istante dopo averlo comprato, subirei una perdita di 50 centesimi, pari alla differenza tra il prezzo di acquisto (12) e quello di vendita (11,50). Se le quotazioni saliranno anche il prezzo di vendita crescerà, ma sarà sempre inferiore al prezzo di acquisto, rappresentando un costo che può essere pesante se l'operatività è elevata.

Lo *slippage*, invece, ha a che fare con ordini di quantitativi elevati. In questo caso l'ordine incrocia proposte di segno opposto a prezzi via via peggiorativi.

Commissioni bancarie, spread cost e slippage sono elementi che penalizzano un'operatività troppo forsennata.

Ma c'è un altro elemento che devi tenere presente se vuoi diventare un investitore libero che guadagna mediamente sempre.

Il secondo miraggio del market timing

Ogni volta che chiudi un'operazione in guadagno il fisco si prende una parte dei profitti sotto forma di tasse. Al momento in cui scrivo l'imposta è pari al 26%, il che significa che su 100 euro di guadagno 74 vanno a te e 26 alle casse dell'Erario.

Ogni volta che vendi e "porti a casa l'utile" lasci al fisco la sua quota di guadagno, che andrà a indebolire la tua operazione successiva.

Prendiamo in considerazione questi due investitori:

- Lucio ha investito 100.000 euro, ed ora si ritrova con un controvalore lordo di 150.000 euro. Durante l'intero periodo non ha mai fatto nessuna vendita;

- Lucia ha investito 100.000 euro. Quando il suo patrimonio è cresciuto del 20% ha liquidato tutto. Ha reinvestito il ricavato e ha ottenuto un altro 25% di performance.

Se non ci fossero di mezzo complicazioni a livello fiscale, il guadagno ottenuto da Lucia sarebbe identico a quello ottenuto da Lucio. Infatti:

$$100.000 \times 1,20 \times 1,25 = 150.000.$$

Ma poiché i 20.000 euro di guadagno sono tassati, Lucia reinvestirà solo 118.500 euro, poiché pagherà l'imposta del 26% sui 25.000 euro guadagnati. Il capitale netto che otterrà alla scadenza sarà pari a 136.038 euro.

La tabella qui sotto ti spiega in dettaglio i vari passaggi:

Capitale Investito	Rivalutazione	Imposta	Capitale netto
€ 100.000,00	€ 25.000,00	€ 6.500,00	€ 118.500,00
€ 118.500,00	€ 23.700,00	€ 6.162,00	€ 136.038,00

Lucio, al contrario, pagherà l'imposta del 26% in un'unica soluzione alla scadenza, ottenendo così un capitale netto pari a 137.000 euro a parità di rendimento lordo complessivo.

Cercare di battere il mercato conviene solo se si fanno poche operazioni e se la quota azionaria del portafoglio è elevata. In caso contrario i costi supereranno i benefici.

Il market timing: attivo e passivo

Ora che abbiamo compreso come il market timing, e l'ottimizzazione in generale, siano un'attività secondaria rispetto all'impostazione di una corretta asset allocation, dobbiamo fare un passo ulteriore.

Per prima cosa sappi che c'è un market timing passivo ed uno attivo. Il primo è generato dal movimento delle quotazioni di mercato, senza alcun intervento da parte dell'investitore. Se, ad esempio, avevi investito metà del tuo portafoglio in azioni e il resto in obbligazioni e il mercato azionario è cresciuto del 10%, mentre i bond sono saliti del 2%, la tua nuova ripartizione del portafoglio sarà la seguente:

Asset class	Valore	Peso %
Azioni	55	52%
Obbligazioni	51	48%
TOTALE	106	100%

Pur non avendo fatto nulla, la composizione del tuo portafoglio è mutata.

Al contrario, il market timing attivo consiste in quella serie di operazioni volte a cambiare volontariamente il peso delle classi di attivo che compongono il tuo portafoglio al fine di ridurre il rischio complessivo.

L'ottimizzazione del portafoglio ha molto a che vedere con la tua psicologia di investitore. Alcuni, infatti, di fronte ad un calo di mercato vorrebbero scappare, mentre altri vorrebbero comprare altre quote dell'investimento in perdita al fine di abbassare il prezzo medio di carico.

E che dire dei rialzi? Alcuni vorrebbero incrementare le posizioni per beneficiare della spinta offerta dal mercato; altri, al contrario, vorrebbero consolidare gli utili per timore che gli stessi evaporino in occasione di un ribasso successivo.

Per questo, prima di scegliere quale dei due metodi di ottimizzazione fa al caso tuo, ti prego di fare un piccolo esame di coscienza per capire che tipo di investitore sei.

Due modi per ottimizzare un portafoglio

Ti sei preso il tempo per riflettere? Hai capito quale filosofia di investimento è più adatta al tuo modo di essere e di ragionare? Bene. Allora sei pronto per esaminare i due diversi approcci di market timing.

IL RIBILANCIAMENTO

Secondo questa impostazione, il portafoglio va comprato tutto subito, impostando immediatamente l'asset allocation strategica nella sua interezza.

L'idea sottostante, lo ripeto ancora una volta, è che i mercati sono imprevedibili e pertanto non ha senso aspettare uno storno prima di entrare. Allo stesso modo non è conveniente iniziare a comprare solo alcune delle asset class che compongono il portafoglio, perché così facendo sviliresti i benefici della diversificazione.

Immagina, ad esempio, di rimandare l'investimento in azioni e di investire solo in obbligazioni. Durante tutto il lasso di tempo che ti separa dall'investimento in azioni e dal "completamento" del portafoglio, lo stesso sarà interamente obbligazionario. La conseguenza di ciò è una importante perdita di diversificazione. Cosa accadrebbe se una ripresa economica facesse salire il valore delle azioni e dei tassi di interesse? Le obbligazioni perderebbero valore e il tuo portafoglio scenderebbe in un contesto particolarmente positivo per i mercati. Lo scenario opposto si realizzerebbe in caso di recessione economica. Il mercato azionario "tira" e tu investi solo in azioni ed in liquidità. A comprare le obbligazioni c'è tempo, vero? Ma dopo poco escono delle notizie inattese che fanno scendere il mercato azionario. I soldi in fuga si riversano sulle obbligazioni, che immediatamente acquistano valore. Peccato che tu non le abbia comprate!

Chiaro il concetto? Secondo l'impostazione del ribilanciamento il portafoglio va costruito il più in fretta possibile, comprando tutto e subito nelle percentuali stabilite e fissate in base ai parametri che abbiamo visto nel capitolo precedente.

Il ribilanciamento periodico del portafoglio serve a riportare i pesi, mutati per effetto del market timing passivo, al proprio valore originario.

Si tratta di un'operazione facile da capire ma molto complessa da mettere in pratica. Se ci pensi bene, infatti, essa consiste nel togliere soldi da quei prodotti finanziari che sono cresciuti per comprare quelli che sono scesi. Nelle fasi di salita è difficile vendere, perché si ha la sensazione di perdere i guadagni e di rallentare la corsa ad un prodotto che sta crescendo. Nelle fasi di ribasso, invece, si ha la sensazione di gettare soldi dalla finestra, specie se una discesa successiva richiede una o più operazioni di ribilanciamento.

L'idea sottostante questa forma di ottimizzazione è che nei mercati vige il fenomeno del *ritorno in media*, in virtù del quale ciò che oggi scende domani salirà e viceversa.

IL TREND FOLLOWING

Di parere completamente diverso sono i seguaci del trend following. Secondo questi il trend, ossia la tendenza di fondo del mercato, è il tuo migliore amico. Lo scopo del market timing diventa quindi quello di riconoscere in modo precoce un trend al fine di sfruttarlo a proprio vantaggio.

È interessante notare che anche i trend follower riconoscono l'impossibilità di prevedere il futuro andamento dei mercati.

Il loro obiettivo non consiste nel cercare di capire, in anticipo, quali saranno i futuri punti di svolta del mercato quanto, piuttosto, intercettare un nuovo trend fin dalle prime fasi. Quali sono gli indicatori migliori per capire dove sta andando il mercato? La letteratura finanziaria ha elaborato una pluralità di indici per cercare di capire quale sia, in ogni momento, la direzione prevalente dei mercati finanziari. Alcuni di essi fanno leva su grandezze macroeconomiche, altri sul *sentiment* degli operatori.

Come puoi immaginare, ognuno di questi strumenti presenta dei punti di forza e di debolezza per cui non è semplice individuare lo strumento più adatto. A complicare le cose si aggiunge il fatto che esistono tre tipi di trend (rialzista, ribassista e laterale) al cui interno si sviluppano movimenti più brevi. Avremo così i trend di lungo periodo, quelli intermedi e quelli di breve periodo.

Il tuo obiettivo, come investitore, deve essere quello di individuare e inseguire i trend di lungo termine, lasciando perdere quelli di più breve durata, il cui studio è più adatto a chi fa trading.

Prima di proseguire è bene che tu conosca i limiti del trend following. Oltre alle implicazioni che abbiamo visto a proposito del market timing in generale (i costi, lo slippage e le tasse), occorre anche tenere presente la generazione dei *falsi positivi*.

Per illustrare il concetto tieni a mente quanto abbiamo appena detto: esistono diversi tipi di trend. Ad esempio, un trend ribassista di medio periodo potrebbe rappresentare solo una "correzione" di un movimento rialzista di più lungo respiro. La vendita, in questo caso, dovrà essere seguita da un riacquisto, eseguito probabilmente a prezzi più alti. Oppure viceversa un rialzo potrebbe essere solo un rimbalzo che si verifica all'interno di una tendenza ribassista. Un acquisto fatto in questa fase potrà trasformarsi in una vendita in perdita successiva, quando il mercato ricomincerà a scendere.

Ti ho messo in guardia per evitare che tu rimanga deluso dal market timing o, peggio ancora, costruisca un portafoglio non aderente alle tue vere esigenze, perché tanto poi *so quando entrare e quando uscire*".

Detto ciò siamo ora pronti per capire come usare un indicatore piuttosto diffuso e abbastanza affidabile per fare market timing.

Un efficace modello dinamico di market timing

Il modo più semplice per individuare i punti di svolta del mercato azionario è quello di usare le medie mobili. Esse non sono altro che la media di "enne" prezzi che vengono calcolate in modo automatico e dinamico con il passare del tempo.

Vedremo tra un istante come usare le medie mobili per decidere quando entrare e quando uscire dal mercato azionario; prima però è indispensabile che ti dia alcuni avvertimenti davvero importanti per evitare che sopravvaluti lo strumento e finisca con il fare danni al tuo portafoglio.

Anzitutto le medie mobili funzionano solo se vengono usate su indici finanziari molto diversificati. Sebbene tu possa applicare il procedimento anche a singoli titoli, ti sconsiglio di farlo, perché a causa del rischio specifico di cui abbiamo parlato nel Capitolo 1, i prezzi delle singole azioni sono troppo volatili e difficili da gestire con l'uso delle medie mobili.

Tieni poi presente che le medie mobili seguono il mercato, ma non sono in grado di anticiparne i punti di svolta. Ciò significa che il segnale di acquisto comparirà dopo che i prezzi avranno toccato un minimo ed avranno iniziato a crescere, mentre il segnale di vendita arriverà dopo che il mercato avrà toccato un massimo e avrà iniziato a scendere.

Infine, nessun sistema funziona nel 100% dei casi, come abbiamo visto in precedenza.

Per concludere ricorda poi che il sistema basato sulle medie mobili funziona solo per il mercato azionario. Il prezzo dei bond tende a crescere con il passare del tempo, anche solo per effetto degli interessi che maturano, per cui non ha molto senso cercare di "fare market timing" nel mercato obbligazionario. Semplicemente compra e tieni i tuoi ETF obbligazionari, e applica il sistema dinamico agli ETF azionari che hai inserito in portafoglio con la strategia.

Vediamo ora come procedere per calcolare le medie mobili e come usarle per migliorare i rendimenti del tuo portafoglio attraverso un efficace market timing.

Step # 1 – scarica i dati di partenza

Sebbene sia possibile trovare le medie mobili già calcolate e sovrapposte a un grafico che mostra l'andamento di un prodotto finanziario, ti consiglio di fare tu il calcolo. La versione grafica delle medie, infatti, non è molto precisa per quanto riguarda i segnali operativi che derivano dalla intersezione tra il prezzo e la media.

Puoi scaricare i dati storici dell'ETF (o degli ETF) che ti interessano andando sul sito it.investing.com, cercando il titolo che ti interessa grazie all'apposita "finestra" di ricerca e andando su "Dati Storici".

Potrai poi settare le date che ti interessano per scaricare i dati su un foglio di calcolo.

È importante usare quanti più dati abbiamo. Se un ETF è stato quotato da poco e ha meno di tre anni di storia, non usarlo nella tua strategia, perché con così pochi dati non potresti usare le medie mobili.

Scarica i dati mensili, ossia usa un solo prezzo per ogni mese. Investing.com ti darà automaticamente il dato che cerchi, ma se ciò non fosse possibile registra il prezzo di chiusura dell'ETF una volta al mese, all'inizio o alla fine dello stesso, sempre nello stesso giorno.

Ad esempio potresti scegliere di registrare manualmente il prezzo il primo giorno lavorativo del mese, il 15 (o il giorno lavorativo seguente se è festivo) o l'ultimo giorno del mese.

Lavorare con un solo prezzo al mese ti darà due grandi vantaggi:

- ti eviterà di perdere troppo tempo;
- ridurrà drasticamente i falsi segnali derivanti dall'applicazione del modello su un arco temporale troppo limitato.

Una volta che hai le quotazioni dell'ETF in bell'ordine su un foglio di calcolo, con a fianco di ogni prezzo il mese cui si riferisce, possiamo fare un passo ulteriore.

Step # 2 – calcola la media mobile

Calcolare la media mobile è davvero semplice, ma per farlo è importante che i dati di partenza siano disposti in ordine crescente, ossia dalla data più vecchia a quella più recente.

A questo punto calcola la prima media mobile sommando i primi 12 dati e dividendo per 12. Poi fai lo stesso lavoro con i dati che vanno dal secondo al tredicesimo per determinare la seconda media mobile e così via. Ogni media mobile sarà pari alla media delle dodici quotazioni mensili precedenti ed andrà scritta a fianco dell'ultima quotazione. L'esempio che segue ti farà capire meglio di che cosa parliamo:

Mese	Quotazione	Media Mobile
aprile	100	
maggio	105	
giugno	98	
luglio	95	
agosto	97	
settembre	104	
ottobre	108	

novembre	101	
dicembre	94	
gennaio	90	
febbraio	81	
marzo	93	97,1666666667
aprile	95	96,75
maggio	99	96,25
giugno	110	97,25

Il primo dato di media mobile è calcolato in corrispondenza della dodicesima riga ed è la media semplice dei primi 12 dati, ottenuta sommando i prezzi che vanno da aprile a marzo e dividendo per 12:

$$(100+105+98+95+97+104+108+101+94+90+81+93)/12$$

Il secondo dato sarà a "scorrimento": i dodici mesi che prenderemo in considerazione andranno da maggio ad aprile e così via.

Step # 3 – confronta il prezzo mensile con la media mobile

Il modello è davvero semplice. Non appena il prezzo supererà la sua media mobile, sarà il momento di comprare. Terrai l'ETF fino a che il prezzo non scenderà sotto la media mobile.

Nell'esempio che ti ho mostrato, poiché la quotazione passa "sopra" la media mobile a maggio del secondo anno, quello sarebbe stato il momento per investire.

Il sistema funziona solo in occasione dei grandi crolli di mercato. Il suo obiettivo non è farti guadagnare soldi extra nei momenti "normali", ma quello di evitarti di subire perdite che indeboliscono il tuo portafoglio durante le fasi di ribasso.

Il sistema dinamico non è "magico", ma è un modo per aiutarti ad incrementare il rendimento del tuo portafoglio quando i mercati crollano grazie al fatto che hai limitato le perdite.

E se tutta la questione del market timing si traducesse nell'avere un sistema in grado di limitare le perdite?

Ti manca ancora un tassello per diventare un investitore libero e stai per scoprirlo nel prossimo capitolo.

Asset Allocation e controllo del rischio

Può sembrare strano, ma la vera domanda che devi porti quando decidi di investire in modo consapevole, semplice e indipendente i tuoi soldi non è quanto vuoi guadagnare, ma quanto dolore finanziario sei disposto a sopportare.

La realtà cui i mercati ci sottopongono è infatti molto diversa da quella che le banche e i consulenti raccontano ai propri clienti.

L'andamento dei mercati è sempre e comunque imprevedibile e dovrai convivere con questa realtà, che ti piaccia o no. La vita è composta da due tipi di fenomeni:

- gli eventi che ricadono sotto il tuo controllo;

- gli eventi su cui non hai nessun potere di intervento.

Se ti concentri sui secondi vivrai una esistenza piena di frustrazione, perché ti sentirai impotente di fronte alla vita. Se, al contrario, focalizzi la tua attenzione su ciò che puoi effettivamente controllare, la tua vita cambierà in modo radicale.

Purtroppo per te il rendimento che otterrai dai tuoi investimenti non è controllabile, perché è un dato che è il mercato stesso a produrre. Tu sai che tanto più rischi tanto maggiori potranno essere i guadagni che otterrai, ma anche le possibili perdite cui andrai incontro. Quindi l'unica via per ottenere guadagni maggiori dai tuoi soldi è quella di incrementare il rischio, fino al massimo livello per te accettabile.

A differenza del rendimento, il rischio può essere controllato grazie ad un ottimo progetto di portafoglio accuratamente studiato e messo in opera, come hai appreso nei capitoli precedenti.

Solo partendo dalla perdita massima accettabile e cercando di minimizzare questo danno grazie ad un progetto strategico ed una ottimizzazione consapevole sarai davvero un Investitore Libero.

L'asset allocation strategica, che equivale al tuo progetto di investimento, delimita il perimetro entro il quale il controvalore del tuo portafoglio sarà libero di oscillare per effetto dell'andamento imprevedibile del mercato.

Se la strategia è costruita bene fungerà da limitatore delle perdite, evitandoti di usare quelli che nel linguaggio del trading sono definiti "stop loss".

Che cosa sono gli Stop loss e perché puoi evitare di usarli

Gli stop loss sono dei livelli di uscita da un certo mercato che "scattano" quando la perdita su un determinato strumento ha raggiunto una soglia per te ritenuta insopportabile.

Immagina, ad esempio, di aver comprato un qualsiasi strumento finanziario ad un prezzo di 10 euro. Se la perdita massima accettabile per te è del 30%, farai bene a liquidare il titolo non appena il suo prezzo scende sotto i 7 euro, per evitare danni peggiori in casi di ulteriori ribassi.

Gli stop loss sono un elemento importante di una strategia di trading, perché ti permettono di limitare le perdite prima che le stesse diventino irrecuperabili, ma tu potrai fare a meno di usarli.

Se sei un seguace degli stop loss avrai di certo già visto una tabella come questa:

Perdita	Percentuale di recupero
1,00%	1,01%
5,00%	5,26%
10,00%	11,11%
15,00%	17,65%
20,00%	25,00%

25,00%	33,33%
30,00%	42,86%
40,00%	66,67%
50,00%	100,00%
60,00%	150,00%
75,00%	300,00%

Essa, nota come la **legge della rovina statistica**, ti mostra come, al crescere della perdita, cresca anche il recupero necessario affinché tu "riveda" il tuo capitale iniziale. Ad esempio, una perdita del 5% richiede un recupero del mercato del 5,26% affinché ritorni al punto di partenza; una perdita del 75% richiede un recupero del 300%, il che la rende per lo più irrecuperabile.

L'idea di uccidere le perdite fin che le stesse sono piccole è senza dubbio buona, ma puoi evitare di cadere in questi ragionamenti semplicemente usando quello che hai appreso fino a questo momento.

Immaginiamo, ad esempio, che tu abbia impostato la perdita massima accettabile al 10% del tuo patrimonio e, seguendo l'impostazione del progetto, abbia investito in azioni il 25% del tuo capitale. In teoria dovresti vendere tutti gli investimenti azionari quando la perdita complessiva raggiunge il 10%, giusto?

Benissimo, ma affinché ciò accada il mercato azionario dovrebbe perdere circa il 50%, cosa piuttosto improbabile. In effetti è accaduto pochissime volte nel passato e negli anni successivi le perdite sono sempre rientrate.

Se adotti l'ottimizzazione del "ribilanciamento" in occasione dei ribassi dovrai correggere il tiro rafforzando gli investimenti in perdita. Se usi il trend following dovrai vendere tutto solo quando il prezzo scende sotto la media mobile a dodici mesi.

9

La mappa dell'Investitore Libero

"Entro io ed il mercato scende". Sembrava un'affermazione banale e invece hai scoperto, durante tutto il nostro viaggio, che dietro un apparente problema che accomuna molti investitori si nasconde un mondo.

Le banche e l'intero sistema finanziario sono lì apposta per farti credere che investire sia un affare complicato, che occorra essere degli esperti per prendersi cura dei propri soldi, e che sia indispensabile seguire costantemente ogni nuova notizia che il sistema stesso partorisce.

La tua attenzione viene poi concentrata sulle "dritte" che solo gli esperti intercettano e sui titoli migliori da comprare in ogni momento di mercato. Sarà così più facile fare leva sulla tua paura e sulla tua avidità per convincerti a investire nei prodotti finanziari più redditizi e convenienti per chi te li vende.

Osservare quello che succede in banca equivale ad assistere ad uno spettacolo di magia: la realtà che sta dietro allo spettacolo è molto spesso diversa da quella che ti viene presentata.

Ecco allora una sintesi delle regole che ti aiuteranno a passare dietro al palcoscenico (o alla scrivania del tuo consulente) per riprendere il controllo dei tuoi investimenti.

Accetta le perdite come parte del percorso che ti guiderà al successo

Il sistema finanziario fa di tutto per farti credere che esistano delle ricette magiche in grado di evitare il dolore finanziario. Che si chiamino esperti o lungo periodo, poco importa, la sostanza è sempre la stessa.

In realtà devi accettare che le perdite fanno parte del processo di investimento. Esse sono come le partite di un campionato: alcune volte si perde, ma l'importante è arrivare in finale e vincere la partita decisiva.

Se non sei disposto a sopportare perdite temporanee, semplicemente non investire. Usa questo libro come spessore per un tavolo traballante, o per accendere il camino e tieni tutti i tuoi soldi immobili su un conto corrente o su più conti deposito. Ma se decidi di investire ricorda che puoi limitare e contenere le perdite ma non eliminarle. Diffida da chi enfatizza i guadagni invece dei possibili rischi.

Fai un buon progetto di investimento

Progettare correttamente la tua asset allocation di lungo periodo è la cosa più saggia che tu possa fare. Una corretta strategia di portafoglio ti permetterà di aumentare i rendimenti dei tuoi investimenti riducendo i rischi.

Questa è la vera "chiave" dell'investitore libero, che pianifica con cura la propria strategia in funzione del rischio che riesce a tollerare e non crede che ci siano esperti in grado di prevedere con costanza il futuro andamento dei mercati.

Al link **segretibancari.com/investimenti** potrai scaricare quattro progetti di investimento già pronti per essere personalizzati ed usati nelle tue strategie.

Usa pochi veicoli di investimento

Non confondere la diversificazione del portafoglio con il numero degli strumenti finanziari che hai in dossier. Un conto è avere investito in tre obbligazioni e due azioni; altro conto è avere due ETF che al loro interno contengono centinaia o migliaia di titoli.

Abbatti i costi

Tanto maggiori sono i costi che gravano sui tuoi investimenti, tanto minori saranno i rendimenti che otterrai dal tuo portafoglio. Diversamente da ciò che accade nella vita quotidiana, meno spendi più ottieni. Usa degli ETF diversificati per abbattere i costi del tuo portafoglio ed aumentare i rendimenti che otterrai, indipendentemente da quello che succede sui mercati in cui hai investito.

Ricorda: non è mai troppo presto per liquidare un fondo di investimento scadente. Se il mercato crescerà il fondo salirà meno di un ETF corrispondente, se il mercato scenderà esso perderà di più. Il momento migliore per cambiare un fondo scalcinato con un ETF equivalente è adesso.

Attribuisci un'importanza secondaria all'ottimizzazione del portafoglio

Il market timing è un'attività costosa per colpa delle commissioni, dello slippage, dello spread e delle imposte. Fai poco trading limitandoti ad eseguire le operazioni di ottimizzazione previste dal tipo di approccio (ribilanciamento o trend following).

Sono entusiasta di leggere come l'applicazione della strategia contenuta in questo libro ha cambiato la tua vita finanziaria. Ricevo ogni giorno email di persone che mi ringraziano per quello che ho insegnato loro e per i risultati che stanno ottenendo dopo aver ripreso il controllo della propria vita finanziaria.

Sono grato a tutti, perché con la loro testimonianza mi spingono a migliorare sempre di più il materiale di formazione che preparo per te. Se non ci fossero state queste persone il libro che stai leggendo non esisterebbe.

Per favore, raccontami la tua storia. Fammi sapere che cosa ti ha spinto ad acquistare e a leggere questo libro e quali risultati specifici hai ottenuto dopo aver messo in pratica i suoi rivoluzionari insegnamenti.

Scrivimi all'indirizzo info@segretibancari.com e ricorda, se ancora non lo hai fatto, di scaricare i 4 portafogli ottimizzati andando su segretibancari.com/investimenti.

Buon proseguimento e... Buon Investimento

Giacomo Saver – CEO di Segretibancari.com

Epilogo

I dott. Panetti e Franco Nero non si vedevano più da anni ormai. Da quando era diventato un Investitore Libero l'avvocato non aveva più bisogno dei consigli di un esperto: aveva impostato un piano personalizzato, usava solo più prodotti a basso costo ed operava comodamente on line.

Ma per Panetti tutto ciò era acqua passata. A lui non importava nulla di Franco Nero: sapeva che dalla porta del suo ufficio stava per entrare un nuovo cliente a cui rifilare il miglior investimento del momento.

L'ennesima persona che avrebbe detto, dopo poche settimane dall'investimento, *"entro io ed il mercato scende"*.

A Proposito dell'Autore

D aniele Cottino, alias Giacomo Saver, è un consulente e un formatore indipendente laureatosi con 110/110 in Economia e Commercio presso l'Università degli Studi di Torino. Dopo aver lavorato presso importanti banche ed essersi occupato dell'investimento professionale del risparmio per circa venti anni, ha abbandonato la sicurezza del posto in banca per fondare la Bert Consulting.

Vive a Chieri, in provincia di Torino, con sua moglie Laura ed i figli Matteo e Sara. Ama nuotare, la compagnia e la buona cucina. Nel tempo libero adora viaggiare e compiere lunghe e rilassanti passeggiate nei boschi della Val di Susa cui è particolarmente affezionato fin da quando era bambino.

Negli anni Giacomo ha aiutato migliaia di persone ad investire in modo consapevole, semplice ed indipendente i propri soldi. I suoi video sono stati visti da decine di migliaia di persone, mentre i suoi corsi di formazione on line ed i webinar hanno aiutato centinaia di persone ad imparare ad investire con successo.

Questo libro è stato pubblicato con la

Esclusiva Strategia Editoriale

"Self Publishing Vincente"

www.SelfPublishingVincente.it